C.H.BECK WISSEN

Immanuel Kant gilt zu Recht als einer der wichtigsten Philosophen in der Geschichte der westlichen Philosophie. In dieser Einführung werden – neben einem Seitenblick auf seine Biografie und seinen intellektuellen Werdegang – die bedeutendsten Werke seiner kritischen Periode vorgestellt und anhand ihrer Schlüsselbegriffe erklärt. Außerdem wird Kants Neuansatz in der Philosophie aus einer zentralen Idee heraus verständlich gemacht: der Idee, dass nicht nur das menschliche Handeln, sondern alle leitenden menschlichen Weltbezüge ‹normativ› strukturiert sind. Das besagt: Sie können gelingen oder scheitern und stehen deshalb unter Prinzipien, die Kant zufolge in den menschlichen Erkenntnisfähigkeiten selbst liegen. Damit macht die Einführung nicht nur mit Kants Positionen in der theoretischen und praktischen Philosophie wie auch in der Ästhetik vertraut, sondern geht auch auf ihren übergreifenden Zusammenhang ein.

Gabriele Gava ist Professor für theoretische Philosophie an der Universität Turin. *Achim Vesper* lehrt Philosophie an der Goethe-Universität Frankfurt am Main, wo er derzeit die Professur für Philosophie der Neuzeit vertritt. Beide sind ausgewiesene Kant-Experten: Gava für Kants theoretische Philosophie und Vesper für seine Ethik und Ästhetik.

Gabriele Gava/Achim Vesper

KANTS PHILOSOPHIE

C.H.Beck

Originalausgabe

www.chbeck.de
Reihengestaltung Umschlag: Uwe Göbel (Original 1995, mit Logo),
Marion Blomeyer (Überarbeitung 2018)
Umschlagabbildung: Kupferstich von Immanuel Kant.
akg-images/UIG/Universal History Archive
Satz: C.H.Beck.Media.Solutions, Nördlingen
Druck und Bindung: Druckerei C.H.Beck, Nördlingen
Printed in Germany
ISBN 978 3 406 81451 8

myclimate

verantwortungsbewusst produziert
www.chbeck.de/nachhaltig

Inhalt

1. Einleitung
Die Normativität der Erkenntnisvermögen

Immanuel Kant gilt – sicherlich zu Recht – als einer der wichtigsten Philosophen in der Geschichte der westlichen Philosophie. Neben seinen einflussreichen Werken wie den drei *Kritiken* oder der *Grundlegung zur Metaphysik der Sitten* gibt es eine große Menge weiterer veröffentlichter und unveröffentlichter Texte. Sein Werk erstreckt sich dabei nicht nur auf die wichtigsten Bereiche der Philosophie, sondern enthält auch Beiträge zur Naturwissenschaft. Da man in einer kurzen Einführung nicht alle diese Texte und Themen behandeln kann, konzentrieren wir uns hier auf die drei *Kritiken* und die *Grundlegung zur Metaphysik der Sitten*. Das Ziel besteht darin, zentrale Ideen dieser Werke verständlich zu machen und zugleich ihren Zusammenhang zu beleuchten. Der übergreifende Zusammenhang besteht unserer Meinung nach in dem Gedanken, dass die für den Menschen grundlegenden geistigen Handlungen ‹normative› Phänomene sind.

‹Normativ› ist dabei ein Kunstwort, das bei Kant selbst nicht vorkommt und erst sehr viel später in der Philosophie gebildet wurde. Herleiten lässt es sich vom Begriff der Norm – dem Maßstab, dem eine Sache im besseren Fall entspricht oder den sie im schlechteren Fall verfehlt. Als normativ lassen sich aber auch die geistigen Aktivitäten des Menschen verstehen, insofern es Maßstäbe dafür gibt, ob sie gelingen oder fehlschlagen. Dieses Verständnis von Normativität spiegelt sich in Kants Erklärung der fundamentalen menschlichen Fähigkeiten wider, die beim Erkennen, Handeln und Beurteilen schöner Gegenstände zum Einsatz kommen. Seine grundlegend neue Einsicht besteht darin, dass sich diese geistigen Fähigkeiten des Menschen nur anhand der mit ihnen verbundenen normativen Maßstäbe erläutern lassen, nach denen sie richtig oder falsch ausgeführt werden. Diese faszinierende Theorie der Normativität des menschlichen Geistes bildet das zentrale Motiv, aus dem wir Kants Werke der kritischen Periode hier verständlich machen wollen.

Den Analysen seiner Werke sind drei Kapitel gewidmet (Kap. 3–5); außerdem bietet das zweite Kapitel eine Übersicht über Kants Leben und intellektuelle Entwicklung, während das sechste Kapitel einen Blick auf offene Interpretationsfragen wirft. Aber zunächst soll der Gedanke der Normativität, der Kants Unternehmen anleitet, in den folgenden Absätzen näher in den Blick genommen werden.

Verweise und die Fundorte von Zitaten werden – wie es bei Kant gängig ist – nach der Seitenzählung der Akademie-Ausgabe angegeben, die auch in den meisten anderen Kant-Ausgaben in der Randspalte vermerkt ist. Die Klammer nach einem Zitat enthält eine im Literaturverzeichnis aufgeschlüsselte Abkürzung für das Werk, dem das Zitat entstammt, dann die Bandnummer und die Seitenzahl der Akademie-Ausgabe. Eine Ausnahme bilden jedoch Stellenangaben in der *Kritik der reinen Vernunft*, diese werden nach der ersten (A) und zweiten Auflage (B) wiedergegeben. Doppelte Anführungszeichen benutzen wir, um Zitate zu kennzeichnen, einfache Anführungszeichen vor allem, um einen neuen Begriff Kants hervorzuheben.

Kritik, Gesetzgebung und Normativität

Nach Kant verfügt der menschliche Geist über verschiedene Vermögen, die wir im Erkennen, Handeln oder im ästhetischen Beurteilen ausüben. In seiner Einteilung sind das der Verstand, durch den wir die Natur erkennen, die Urteilskraft, die eine besondere Rolle bei Urteilen über das Schöne spielt, und die Vernunft, die es in zwei fundamentalen Formen gibt: mit der ‹theoretischen› Vernunft bilden wir abstrakte Ideen z. B. von Gott oder auch einer unsterblichen Seele und mit der ‹praktischen› Vernunft wählen wir unsere Handlungen und erfassen zudem das oberste moralische Prinzip. Kants neuer Ansatz besteht nun darin, dass er allen diesen Fähigkeiten – die Kant übergreifend als ‹Erkenntnisvermögen› bezeichnet und der Sinnlichkeit gegenüberstellt (KU 5:179) – eine eigene ‹Gesetzgebung› zuspricht, in denen ihre Normativität zum Ausdruck kommt. Von einer Gesetzgebung spricht Kant dabei deshalb, weil ein Prinzip vorgegeben wird, dem wir folgen müssen, um das Vermögen richtig auszuüben. Entscheidend ist dabei, dass diese Prinzipien nicht aus der Erfahrung stammen, sondern diese erst ermöglichen. Kant bezeichnet sie als ‹Prinzipien a priori›, weil sie der Erfahrung vorausgehen – sie lassen sich als die Bahnen verstehen, in denen wir der Welt allererst begegnen. Ermitteln lassen sie sich nur durch philosophisches Nachdenken – und dies ist das Ziel, das Kant mit seinen drei *Kritiken* vor Augen steht. Das Verfahren, durch das festgestellt werden soll, worin die Gesetzgebungen der Vermögen bestehen und welche apriorischen Prinzipien von ihnen vorgeben werden, bezeichnet Kant dabei als ‹Kritik der Vernunft› (KU 5:179).

Betrachtet man Kants kritisches Projekt etwas näher, so geht es in allen drei Teilen darum, Ansprüche auf die Allgemeingültigkeit von Urteilen anhand der Gesetzgebungen der Vermögen und ihrer Prinzipien zu verteidigen. So beruht die Gesetzgebung des Verstandes auf den sogenannten Kategorien – allgemeinen Begriffen, ohne die eine einheitliche Erfahrung der Natur nicht zustande kommt. Nur wenn wir uns auf die Kategorien stützen, können wir nach Kant Aussagen über die Natur aufstellen, die auch objektiv gültig sind (KU 5:178). Demgegenüber richtet sich die Gesetzgebung der Vernunft auf praktische Urteile, durch die wir unseren Willen bestimmen. So sind wir durch die Vernunft befähigt, unser Handeln an für alle Menschen gültigen ‹Imperativen› zu orientieren. In diesem Sinn behauptet Kant, dass die Vernunft für unseren Willen gesetzgebend ist und mit dem ‹kategorischen Imperativ› ein für unser aller Handeln gültiges Gesetz liefert (KU 5:176, 178). Die Gesetzgebung der Urteilskraft ist dagegen von besonderer Gestalt, da sie sich auf das Prinzip der Zweckmäßigkeit stützt, das eine Reihe von verschiedenen Funktionen erfüllt. Deutlich tritt der Anspruch auf Allgemeingültigkeit aber bei Urteilen über das Schöne hervor, für die wir die Zustimmung anderer einfordern.

In allen diesen Fällen resultieren aus den Gesetzgebungen Kriterien, durch die Ansprüche auf Allgemeingültigkeit in verschiedenen Bereichen unseres Denkens und Handelns gerechtfertigt werden können. So kann ein Anspruch auf eine allgemeingültige Erkenntnis der Natur erhoben werden, der sich durch auf dem Verstand beruhende Kriterien rechtfertigen lässt. Es können aber auch Ansprüche auf die Allgemeingültigkeit der Lust am Schönen erhoben werden, die wir durch Rekurs auf Kriterien legitimieren können, die der Urteilskraft entstammen. Außerdem können Ansprüche auf allgemeingültige Gesetze des Handelns erhoben werden, die durch ein auf der Vernunft beruhendes Kriterium begründbar sind. Aufgrund dieser Ansprüche auf Allgemeingültigkeit und der sie rechtfertigenden Prinzipien sprechen wir von einem Verständnis von Normativität bei Kant, das auf der *Gesetzgebung der Erkenntnisvermögen* basiert.[1]

Sein und Sollen

Man muss jedoch beachten, dass Kant auch über ein engeres Verständnis von Normativität verfügt, das in der praktischen Vernunft zuhause ist. Dass der Moral eine eigenständige Form der Normativität zukommt, zeigt sich daran, dass lediglich in ihrem Bereich ein ausdrückliches ‹Sollen› vorkommt. Da wir nach Kants Moralphilosophie dazu verpflichtet sind, dem Moralgesetz zu folgen, begehen wir einen besonders schwerwiegenden Fehler, wenn wir ihm zuwiderhandeln. Während wir lediglich nicht zu Erkenntnissen gelangen, wenn wir die Kategorien nicht anwenden, wird uns ein Verstoß gegen das moralische Gesetz im Bereich des Handelns als Schuld zugerechnet. Dennoch haben wir es auch hier mit einer Gesetzgebung zu tun, die auf einem apriorischen Prinzip eines (hier: handlungsbezogenen) Erkenntnisvermögens beruht. Das Spezifische der Gesetzgebung der praktischen Vernunft besteht jedoch darin, dass sie ein Sollen begründet.

Im Folgenden fächern wir Kants Positionen in der theoretischen und praktischen Philosophie sowie in der Ästhetik anhand der Gesetzgebungen der Vermögen von Verstand, Vernunft und

Urteilskraft auf. Wir kommen dabei immer wieder auf die Leitidee zurück, stellen aber auch die Grundbausteine von Kants Auffassungen in der Erkenntnistheorie, Moralphilosophie und der Theorie des Schönen eingehend vor.

Für Hinweise zu einzelnen Kapiteln danken wir sehr herzlich Claudia Blöser, Achim Brosch und Fabian Burt, für Hilfe bei der Einrichtung des Manuskripts Alina Schuch und Benedikt Wissing. Außerdem bedanken wir uns ganz herzlich bei Dirk Setton als Lektor, der uns eine große Hilfe war und mit dem wir sehr gerne zusammengearbeitet haben. Ein Teil des Buchs wurde in den Sommermonaten 2023 geschrieben, die Gabriele Gava dank der Alexander-von-Humboldt-Stiftung an der Goethe-Universität in Frankfurt verbringen konnte. Das dritte Kapitel stammt von Gabriele Gava, das vierte Kapitel von Achim Vesper. Alle anderen Kapitel haben wir gemeinsam geschrieben.

2. Kants Leben und Werk

In seinem Essay *Zur Geschichte der Religion und Philosophie in Deutschland* schreibt Heinrich Heine: «Die Lebensgeschichte des Immanuel Kant ist schwer zu beschreiben. Denn er hatte weder Leben noch Geschichte.» (Heine 1971, 594) So lesenswert Heines Abhandlung ansonsten auch ist, dem Leben Immanuel Kants wird er mit dieser Beschreibung nicht gerecht. Richtig an seiner Darstellung ist lediglich, dass Kant ungefähr ab der Mitte seines Lebens einem sehr regelmäßigen Tagesablauf folgte, um produktiv an seinen Schriften arbeiten zu können. Anders als Heine glaubt, verdienen die Umstände und wichtigen Begebenheiten von Kants Lebens durchaus Aufmerksamkeit. Einerseits ist Kants Biografie mit seiner philosophischen Entwicklung verwoben, andererseits lassen sich durch sie wichtige Einblicke in das Aufkommen und Erstarken der Aufklärungsbewegung im Zusammenhang mit dem Gang der politischen Ereignisse in Preußen gewinnen. Nicht zuletzt lernt man einen Mann kennen, dem der außerordentliche wissenschaftliche Erfolg nicht in die Wiege gelegt war, sondern der ihn durch nahezu unermüdliche Arbeit errang.

Kants Biografie

Im Hausbuch der Familie Kant finden sich die folgenden von der Mutter eingetragenen Zeilen: «Anno 1724 d. 22ten April Sonnabends Morgens um 5 Uhr ist mein Sohn Emanuel an diese Welt geboren» (Arnoldt 1908, 109, Anm.). Emanuel Kant, der sich erst später den Namen Immanuel zulegte, ist ihr viertes Kind, wobei sie das erste Kind tot zur Welt brachte und das zweite vor dem Ende seines ersten Lebensjahrs verstarb. Kant hat später immer wieder mit Dankbarkeit zum Ausdruck gebracht, dass er von seinen Eltern und insbesondere von seiner Mutter große Aufmerksamkeit und Zuneigung erfuhr. Sein Vater war Riemermeister und scheint ein geachteter Handwerker im ostpreußischen Königsberg, dem heutigen Kaliningrad, gewesen zu sein, wo die Familie lebte und ihr Sohn Emanuel zur Welt kam. Von seinen frühen Lebensumständen wissen wir vor allem aus drei Lebensbeschreibungen, die von engen Bekannten Kants bald nach seinem Tod veröffentlicht wurden.[2] Aus ihnen geht hervor, dass Kants Eltern zwar nicht wohlhabend, aber auch nicht arm waren: «Seine Eltern waren nicht reich, aber auch durchaus nicht so arm, daß sie Mangel leiden durften; viel weniger, daß Not und Nahrungssorgen sie hätten drücken sollen. Sie verdienten so viel, als sie für ihr Hauswesen und die Erziehung der Kinder nötig hatten» (nach Gross 1993, 12). Besonderen Einfluss auf seine kindliche Entwicklung nahm die Mutter, die dem Pietismus anhing, aber von religiöser Schwärmerei frei war. Nicht nur kümmerte sie sich um die Förderung seiner Talente, sie unternahm auch lange Spaziergänge mit ihm in der freien Natur, auf denen sie den jungen Kant auf die ‹Werke Gottes› bis hin zum Himmelsbau aufmerksam zu machen versuchte. Auf Vermittlung des kirchlichen Amtsträgers Franz Albert Schulz verließ Kant die Elementarschule und wechselte 1732 an das pietistisch geprägte Collegium Fridericianum, in dem er auch altsprachlich unterrichtet wurde. Schulz hatte in Halle Theologie bei August Hermann Francke und Philosophie bei Christian Wolff studiert, bevor er eine Stellung am Berliner Hof unter Friedrich Wilhelm I. innehatte, die er unter Friedrich II. wieder verlor. Schulz war mit Kants Eltern bekannt und scheint sie aufgrund ihrer Frömmigkeit stark geachtet zu haben. 1733 wurde Schulz Direktor des Collegium Fridericianums und wirkte daran mit, dass Kant 1740 im Alter von sechzehn Jahren in die Königsberger Albertus-Universität aufgenommen werden konnte.

An der Königsberger Albertina hörte Kant theologische Dogmatik bei Schulz, nahm aber auch regelmäßig an den Veranstaltungen von Martin Knutzen teil, der außerordentlicher Professor für Logik und Metaphysik war. Durch Knutzen gewann er einen näheren Einblick in die naturwissenschaftliche Forschung, außerdem wurde er durch ihn mit Newtons Werken, aber auch mit der Kontroverse zwischen Leibniz und Clarke vertraut. Über seine Beziehung zu Knutzen schreibt sein Freund und früher Biograf Borowski: «Knutzen galt ihm doch vor allen Lehrern am meisten. Dieser zeichnete ihm und mehreren die Bahn vor, auf der sie nicht Nachbeter, sondern dereinst Selbstdenker werden könnten» (nach Gross 1993, 14). Kant war ein an sehr vielen Themen außerordentlich interessierter Student. Sein Leben war zu dieser Zeit, wie ein Kommilitone berichtet, von Sparsamkeit geprägt; seine Erholungen sollen allein im Billardspiel und im zu dieser Zeit weitverbreiteten Kartenspiel L'Hombre bestanden haben. Nach dem Tod seines Vaters im Jahr 1746, dem bereits 1737 der Tod seiner Mutter vorausgegangen war, sah sich Kant 1747 jedoch gezwungen, die Universität ohne Abschluss zu verlassen und eine Reihe von Hauslehrerstellen in der Region um Königsberg anzutreten.

Erst 1754 kehrte er nach Königsberg und an die Universität zurück, an der er 1755 zum Magister promoviert wurde. In diese Zeit fallen auch seine ersten Veröffentlichungen wie die *Allgemeine Naturgeschichte und Theorie des Himmels* (1755), die zunächst nur geringe Aufmerksamkeit bekam. 1756 bewarb er sich mit einem an Friedrich II. gerichteten Schreiben auf die Professur seines 1751 verstorbenen Lehrers Martin Knutzen. Um die akademischen Anforderungen zu erfüllen, reichte er im kurzen Zeitraum von April 1755 bis März 1756 drei akademische Qualifikationsschriften ein, darunter seine Magisterarbeit *De igne* (*Über das Feuer*) und seine Habilitationsschrift *Principiorum primorum cognitionis metaphysicae nova dilucidatio* (*Neue Erhellung der ersten Grundsätze metaphysischer Erkenntnis*). Kants Bewerbung blieb jedoch erfolglos, da die Professur nicht wiederbesetzt wurde. Tatsächlich dauerte es vierzehn weitere Jahre, bis er Professor in Königsberg wurde. Währenddessen hielt Kant bereits vielbesuchte Vorlesungen, mit denen auch Einnahmen verbunden waren, da die Hörer für die Teilnahme an der Vorlesung eines Privatdozenten Kolleggelder zu bezahlen hatten. 1766 kam eine Anstellung als Unterbibliothekar an der Königlichen Schlossbibliothek hinzu, mit der ein kleines zusätzliches Einkommen und ein kostenloser Zugang zu den Büchern der Bibliothek verbunden waren. Unter materieller Not litt Kant auch in dieser Lebensperiode nicht: Trotz seiner unsicheren akademischen Stellung konnte er den ehemaligen Soldaten Martin Lampe als Diener einstellen – der ihn fast bis zum Ende seines Lebens begleiten sollte – und ein tägliches Mittagsmahl in Gasthäusern einnehmen.

In den 1760er Jahren war Kant eng mit Johann Georg Hamann befreundet, der sich nachher als Kritiker der Aufklärung profilierte. Zu seinen Studenten gehörte Johann Gottfried Herder, der sich über Kant als akademischen Lehrer begeistert zeigte, später aber auch als Kritiker Kants hervortrat. Obgleich seine Vorlesungen großen Zulauf genossen, scheint Kant die Zeit seiner Lehre als Magister auch als qualvoll empfunden zu haben. So schreibt er: «Ich meines theils sitze täglich vor dem Ambos meines Lehrpults und führe den schweeren Hammer sich selbst ähnlicher Vorlesungen in einerley tacte fort» (Briefe 10:18–19). Er zeigt sich jedoch auch als Schriftsteller produktiv und veröffentlicht Werke, die teils an eine größere literarische Öffentlichkeit und teils an ein engeres Fachpublikum gerichtet sind. Einen populären Grundton haben dabei die

Beobachtungen über das Gefühl des Schönen und Erhabenen (1764) und die *Träume eines Geistersehers, erläutert durch Träume der Metaphysik* (1766). Während die erste Schrift anthropologische und kulturelle Beobachtungen enthält, setzt er sich in der zweiten Schrift mit den Visionen des Mystikers Emanuel Swedenborg, aber auch mit der Methode und den Erkenntnisansprüchen der Metaphysik kritisch auseinander. Unter den fachlichen Veröffentlichungen sind seine Auseinandersetzung mit den Gottesbeweisen in *Der einzig mögliche Beweisgrund zu einer Demonstration des Daseins Gottes* von 1763 und die 1764 veröffentlichte *Untersuchung über die Deutlichkeit der Grundsätze der natürlichen Theologie und der Moral* besonders erwähnenswert. Die zweite Schrift war eine Antwort auf eine Preisaufgabe der Königlichen Akademie der Wissenschaften zu Berlin von 1761 und wurde zusammen mit der Preisschrift Mendelssohns, die den ersten Preis erhielt, von der Akademie publiziert. Dass Kant in dieser Zeit an Sichtbarkeit gewann, geht auch daraus hervor, dass sich das Berliner Akademiemitglied Johann Heinrich Lambert 1765 an Kant mit der Bitte wandte, sich gemeinsam um Verbesserungen in der Metaphysik zu bemühen (Briefe 10:51–54). Einen größeren publizistischen Erfolg erzielte Kant mit seinen Schriften jedoch nicht. Bei den *Träumen eines Geistersehers* waren sich die Leser sogar über die Ziele im Unklaren, die Kant mit der Schrift verfolgt. So schreibt Moses Mendelssohn 1767 in einer Rezension des Buchs: «Der scherzende Tiefsinn, mit welchem dieses Werkchen geschrieben ist, läßt den Leser zuweilen in Zweifel, ob Herr Kant die Metaphysik hat lächerlich, oder die Geisterseherey glaubhaft machen wollen» (Kant 2022, 132).

Ab Mitte der 60er Jahre eröffnete sich Kant dreimal die Möglichkeit, eine Professur zu erlangen. Nach Anweisung aus Berlin bot ihm die Königsberger Universität 1764 eine Professur für Dichtkunst an, die Kant aber als ungeeignet betrachtete; außerdem lehnte er Rufe an die Universitäten von Erlangen (1769) und Jena (1770) ab. Nach seinem Gesuch an König Friedrich II. wurde ihm schließlich 1770 eine Professur für Logik und Metaphysik in Königsberg angeboten, die Kant auch übernahm. Um das Amt wahrnehmen zu können, reichte er 1770 seine Inaugural-Dissertation unter dem Titel *De mundi sensibilis atque intelligibilis forma et principiis* (*Von den Formen der Sinnen- und Verstandeswelt und ihren Gründen*) ein, die noch im selben Jahr im Druck erschien. Kants Interessen scheinen zu dieser Zeit aber über die theoretische Philosophie hinauszugehen. Aus einem Brief an Herder von 1767 geht hervor, dass er sein Augenmerk darauf richtet, «die eigentliche Bestimmung und die Schranken der Menschlichen Fähigkeiten und Neigungen zu erkennen», was ihm nach seiner eigenen Aussage «in dem was die Sitten betrift endlich ziemlich gelungen» (Briefe 10:74) ist. Entgegen seinem bisher dominierenden Interesse an der theoretischen Metaphysik teilt er nun mit, dass er gegenwärtig an einer «Metaphysik der Sitten» (Briefe 10:74) arbeitet.

Zu den Besonderheiten von Kants Entwicklung gehört, dass er nach Annahme der Professur für einen Zeitraum von zehn Jahren nur wenig veröffentlichte. Die Zeit des ‹schweigenden Kant› war aber für ihn keinesfalls eine ereignislose Zeit. In diese Periode fallen seine Auseinandersetzung mit Hume und der erfolglose Versuch des preußischen Ministers Karl Abraham von Zedlitz, Kant an die Universität Halle zu berufen. Kant wird Zedlitz später die *Kritik der reinen Vernunft* zueignen und ihn einen ‹Beschützer der Wissenschaften› nennen (KrV B III–VI). Außerdem bildete sich um Kant ein Kreis von Freunden, der sich später größtenteils auch in seiner Tischgesellschaft in seinem eigenen Haus wiederfinden wird. Dieser Freundeskreis umfasste in erster Linie der Welt zugewandte Persönlichkeiten. Dazu zählen etwa der englische Kaufmann Joseph Green (der sich in Königsberg niedergelassen hatte und Kants engster Freund war), dessen Geschäftspartner Robert Motherby, der Jurist und Schriftsteller Johann George Scheffner und der Verwaltungsbeamte und spätere Oberbürgermeister Königsbergs Theodor Gottlieb Hippel. Ohne seinen Namen zu nennen, nahm Hippel auch ein spöttisches Portrait Kants in seine zunächst anonym erschienenen satirischen *Lebensläufe nach aufsteigender Linie* (1778/79) auf. Die Zeugnisse zu Kants philosophischer Entwicklung in dieser Phase sind sparsam, auch wenn immerhin eine wichtige Quelle im Briefwechsel mit seinem früheren Schüler Marcus Herz vorliegt.

Die Zeit des publizistischen Schweigens kommt 1781 mit dem Erscheinen der *Kritik der reinen Vernunft* an ihr Ende. Zwar folgt Kant mit ihr dem schon früher ausgesprochenen Programm, die Ansprüche der Sinnlichkeit und des Verstandes zu trennen und dadurch die Metaphysik als ‹Kampfplatz von endlosen Streitigkeiten› (KrV A 7) zu befrieden, bei seinen ersten Lesern – wie Mendelssohn oder Herder – trifft er aber auf Unverständnis. Auch aufgrund dieser Reaktionen gibt Kant bereits 1783 ein neues Buch unter dem Titel *Prolegomena zu einer jeden künftigen Metaphysik, die als Wissenschaft wird auftreten können* in Druck, das den Stoff der *Kritik der reinen Vernunft* in zugänglicher Weise präsentieren soll. In den 80er Jahren avancierte Kant insbesondere durch seine Beiträge in der *Berlinischen Monatsschrift* auch zu einem öffentlichen Denker. Von besonderer Bedeutung ist dabei sein Aufsatz *Beantwortung der Frage: Was ist Aufklärung?* von 1784, mit dem er in die Debatte über den Begriff der Aufklärung eingriff. Obwohl Kant in den 80er Jahren stärker in die Verwaltung der Universität eingebunden war und zweimal das Amt des Rektors ausübte, widmete er sich zugleich mit großer Kraft der Entfaltung seiner kritischen Philosophie. In enger Folge erscheinen 1785 die *Grundlegung zur Metaphysik der Sitten*, 1787 die in größerem Umfang veränderte zweite Auflage der *Kritik der reinen Vernunft*, 1788 die *Kritik der praktischen Vernunft* und 1790 die *Kritik der Urteilskraft*.

Ende der 80er Jahre wird Kant weithin als Zentralgestirn der philosophischen Diskussion in Deutschland betrachtet. Es bildete sich auch eine Anhängerschaft aus, die sich um die Popularisierung der Philosophie Kants bemühte. Besonders wirkungsvoll waren dabei die ab 1786 zunächst im *Teutschen Merkur*, der Zeitschrift von Christoph Martin Wieland, publizierten *Briefe über die Kantische Philosophie* von Carl Leonhard Reinhold. Außerdem traten zwei politische Ereignisse ein, die eine besondere Wirkung auf Kants Leben besaßen. Das erste ist mit dem Tod Friedrichs II. und der Inthronisierung seines Nachfolgers Friedrich Wilhelm II. 1786 verbunden, den Kant noch im selben Jahr als Rektor der Universität in Königsberg empfing und unter dessen Herrschaft er 1787 auch in die Berliner Akademie aufgenommen wurde. Allerdings entließ Friedrich Wilhelm II. den Kant zugetanen Staatsminister von Zedlitz, dem unter anderem die Oberaufsicht über Kirche und Schuleinrichtungen oblag. Ersetzt wurde er durch den der Aufklärung gegenüber feindlichen ehemaligen Pastor Johann Christoph Woellner, auf den das *Edikt, die Religionsverfassung in den preußischen Staaten betreffend* zurückgeht, das 1788 erlassen und mit dem Religions- und Kirchenkritik unter Strafe gestellt wurde. Nach kurzer Zeit wurden die Maßnahmen sogar verschärft und die Presse einer starken Zensur unterworfen. Auch Kant war von den Zensurmaßnahmen betroffen, sie gehören in die Entstehungsgeschichte seines 1793 erschienenen Buchs *Die Religion in den Grenzen der bloßen Vernunft* (vgl. Stangneth 2003). Im *Streit der Fakultäten* von 1798 – der sich unter anderem kritisch mit der Theologie auseinandersetzt – dokumentiert Kant auch ein Schreiben Woellners, in dem dieser Kant wohl aufgrund der Religionsschrift die Missbilligung des Königs mitteilt: «Unsere höchste Person hat schon seit geraumer Zeit mit großem Mißfallen ersehen: wie Ihr eure Philosophie zu Entstellung und Herabwürdigung mancher Haupt- und Grundlehren der heiligen Schrift und des Christenthums mißbraucht» (Fakultäten 7:6). Woellner verbindet dies zudem mit einer handfesten Drohung: «Wir verlangen des ehsten Eure gewissenhafteste Verantwortung und gewärtigen uns von Euch bei Vermeidung Unserer höchsten Ungnade, daß Ihr Euch künftighin Nichts dergleichen werdet zu Schulden kommen lassen» (Fakultäten 7:6). Kant scheint die Drohung ernstgenommen zu haben, zumindest ließ er den *Streit der Fakultäten* erst nach dem Tod von Friedrich Wilhelm II. im Jahr 1797 erscheinen.

Das zweite politische Ereignis, das Kant allerdings in positiver Weise beeindruckte, besteht in der Französischen Revolution. In der länderübergreifenden Begeisterung für die revolutionäre Entwicklung erkennt Kant sogar ein «Geschichtszeichen» (Fakultäten 7:84), durch das die Möglichkeit eines moralischen und politischen Fortschritts erfahrbar wird. Dass er die Ziele der französischen Revolution teilt, drückt sich auch in der Schrift *Zum ewigen Frieden* von 1795 aus, die ein Bekenntnis zum Republikanismus enthält und in der er das Weltbürgerrecht begründet. Auch in den späten 90er Jahren bleibt Kant ein produktiver Autor, was sich insbesondere in der 1797 vorgelegten *Metaphysik der Sitten* zeigt, die in ihrem ersten Teil die *Rechtslehre* und in ihrem zweiten Teil die *Tugendlehre* als System von konkreten Handlungspflichten enthält.

Ein Nachlassen seiner Kräfte zeichnet sich jedoch in der erstmals 1936/38 als *Opus Postumum* vollständig edierten Sammlung von Texten ab, mit der sich Kant erneut Grundlagenfragen der Naturwissenschaft zuwandte und an der er seit Mitte der 90er Jahre schrieb. Im Gegensatz zu seinen von ihm selbst publizierten Schriften verstand es Kant hier nicht mehr, der Masse an Text eine durchsichtige Ordnung zu geben.[3] Ab 1801 scheint Kant sein Haus nicht mehr verlassen zu haben. Am 12. Februar 1804 starb er an den Folgen eines Schlaganfalls, der ihn im Oktober des Vorjahres ereilt hatte.

Das vorkritische Denken

Kants vorkritische Schriften finden vor allem deshalb Beachtung, weil sie über seine Entwicklung zur kritischen Philosophie Auskunft geben. Man darf ihnen dennoch nicht den Rang absprechen, schließlich zeigt sich Kant bereits in ihnen als eigenständiger Kopf, der sich außerhalb der Schulbildungen bewegt. Kants erste Publikationen fallen jedoch vor allem in den Bereich der Naturwissenschaften. So formuliert Kant in der *Allgemeinen Naturgeschichte und Theorie des Himmels* eine Theorie der Entstehung unseres Planetensystems und des gesamten Kosmos, die von beobachtbaren Phänomenen ausgeht und mit einer Fülle von Einzelerklärungen verbunden ist. Mit dem Werk betritt Kant wissenschaftliches Neuland, da er die Entstehung des Universums nach allgemeinen Bewegungsgesetzen der Materie begründet und damit auch der biblischen Schöpfungserzählung entgegentritt. Zwar wurde die *Theorie des Himmels* zunächst kaum wahrgenommen, sie wurde aber im 19. Jahrhundert immer wieder aufgegriffen und gilt heute als ein Meilenstein in der Geschichte der Astronomie.

Die Metaphysik behandelt Kant in der *Nova dilucidatio* (1755). In dieser Schrift übernimmt Kant das Prinzip des zureichenden Grundes von Leibniz, nach dem es für alles, was ist, einen zureichenden Grund gibt. Allerdings zeigt er sich skeptisch gegenüber der Aneignung des Prinzips durch Christian Wolff. An Leibniz knüpft Kant auch in der *Monadologia physica* (1756) an, in der er wie Leibniz davon ausgeht, dass die Welt aus Monaden im Sinne von individuellen Substanzen zusammengesetzt ist. Anders als Leibniz deutet er die Monaden jedoch nicht als geistige, sondern als physische Entitäten, die den Raum erfüllen. Leibniz' Konzeption von Monaden als geistigen Grundbausteinen der Wirklichkeit überführt Kant damit in die modern erscheinende Suche nach den kleinsten Teilchen, auf denen die physikalische Welt beruht.

Mit der Schrift *Der einzig mögliche Beweisgrund zu einer Demonstration des Daseins Gottes* wendet sich Kant den philosophischen Versuchen zu, die Existenz Gottes zu beweisen. In großen Teilen untersucht die Schrift die bisherigen Gottesbeweise, die Kant allesamt als erfolglos betrachtet. Hier taucht seine auch in die *Kritik der reinen Vernunft* aufgenommene Widerlegung des ontologischen Gottesbeweises erstmals auf, nach der die Existenz Gottes nicht aus dem Begriff eines absolut vollkommenen Wesens abgeleitet werden kann. Auch wenn sich Kant ablehnend gegenüber den bisherigen Gottesbeweisen verhält, so schlägt er jedoch zwei verbesserte Gottesbeweise vor, die er für gültig hält.

Nach den frühesten Schriften Kants, die sich mit einzelnen Themen der Naturwissenschaft und Metaphysik beschäftigen, folgt ungefähr ab Mitte der 60er Jahre eine Reihe von Schriften, in denen sich Kant kritisch mit der Methode der traditionellen Metaphysik beschäftigt. In diesen Werken kündigen sich Fragestellungen an, die für Kant auch in der kritischen Periode wichtig sind. In der *Untersuchung über die Deutlichkeit der Grundsätze der natürlichen Theologie und der Moral* verteidigt er die

Vorstellung, dass die Metaphysik zu einer der Mathematik ebenbürtigen Gewissheit fähig ist. Allerdings darf sie dazu nicht der mathematischen Methode Wolffs folgen, stattdessen muss sie laut Kant im Gegensatz zur Mathematik analytisch vorgehen und zunächst Grundwahrheiten zum Vorschein bringen, auf denen sich sicher aufbauen lässt. Außerdem äußert sich Kant in dieser Schrift zur Ethik und betrachtet es als eine Grundfrage, ob gemäß dem Rationalismus das Erkenntnisvermögen oder gemäß dem Empirismus das Gefühl die Grundsätze für das sittlich richtige Handeln vorgibt. Anders als in seiner kritischen Moralphilosophie gibt Kant hier jedoch eine Parteinahme für die empiristische Position zu erkennen.

Überaus interessant, wenn auch inhaltlich schwierig sind die *Träume eines Geistersehers, erläutert durch Träume der Metaphysik*. Die Schwierigkeit dieser Schrift liegt darin, dass Kant ein gemeinschaftliches Problem in den Visionen des schwedischen Mystikers Swedenborg und den Theorien der zu Kants Zeit gegenwärtigen Metaphysik zu erkennen glaubt. Eine Annahme der kritischen Philosophie zeichnet sich darin ab, dass er beiden Positionen zum Vorwurf macht, die Grenzen der menschlichen Vernunft zu überschreiten. Eine echte Scharnierstelle im Übergang zur kritischen Philosophie nimmt *De mundi sensibilis atque intelligibilis forma et principiis* ein. Besondere Wichtigkeit kommt der Schrift zu, da sich Kant in ihr gegen die auf Leibniz und Wolff zurückgehende Vorstellung richtet, dass es ein Kontinuum zwischen dem Anschauen und dem begrifflichen Erkennen eines Gegenstands gibt. Die für den kritischen Kant wichtige Überzeugung, dass Sinnlichkeit und Verstand getrennte Erkenntnisquellen bilden, findet sich hier vorgebildet.

Fasst man Kants Veröffentlichungen der vorkritischen Zeit zusammen, so versucht er, in Auseinandersetzung mit den Philosophien von Leibniz und Wolff und ihren Opponenten zu einer eigenständigen Position zu gelangen. Gefunden hat Kant diese eigenständige Position jedoch erst in der kritischen Philosophie, die er ab 1781 der Öffentlichkeit vorlegt.

3. Die Gesetzgebung des Verstandes: Die *Kritik der reinen Vernunft*

Die Veröffentlichung der *Kritik der reinen Vernunft* im Jahr 1781 markiert den Anfang von Kants sogenannter ‹kritischer Periode›. Auch wenn die heutige Forschung darauf hinweist, dass viele Elemente von Kants Denken in dieser Phase eine Kontinuität mit seinem Ansatz in der vorkritischen Zeit aufweisen, so ist dieses Buch doch die erste veröffentlichte Schrift, in der er für die Notwendigkeit einer neuen Disziplin in der Philosophie plädiert. Die Disziplin heißt ‹Kritik der reinen Vernunft› und soll eine ‹Propädeutik› zur Metaphysik bilden (KrV AXI/BXXV; A84I/B869). Nach Kant besteht die Aufgabe der Metaphysik darin, ein System von *Erkenntnissen a priori* zu formulieren – nämlich von Erkenntnissen, die sich unabhängig von Erfahrung gewinnen lassen. Erkenntnisse dieser Art findet man z. B. in der Mathematik, in der man einen Beweis erstellen kann, ohne sich auf irgendeine Erfahrung von Gegenständen zu stützen. Die *Kritik der reinen Vernunft* untersucht vor allem die Möglichkeit desjenigen Teils der Metaphysik, der apriorische Erkenntnisse über die Natur enthalten soll. Solche Erkenntnisse beantworten zum Beispiel Fragen nach dem Wesen von Raum und Zeit, nach dem Bestehen von notwendigen Kausalgesetzen oder auch nach der Unsterblichkeit der Seele oder dem Dasein Gottes als Grund der Natur. Die Aufgabe der *Kritik* liegt nun darin, eine Analyse unserer Fähigkeit zu apriorischen Erkenntnissen vorzunehmen, aus der hervorgehen soll, ob die Metaphysik eine Wissenschaft werden kann. Kants Antwort auf dieser Frage ist positiv: Die Metaphysik *kann* eine Wissenschaft werden, allerdings auf eine bescheidenere Weise, als es sich viele Philosophen vor und zu Kants Zeit wünschten.

Dogmatismus und Kritik

In den Vorreden zur ersten und zweiten Auflage der *Kritik* beschreibt Kant die Metaphysik seiner Zeit als einen «Kampfplatz» (KrV AVIII, BXV). Das bedeutet, dass man in ihr eine Menge widerstreitender Argumente und Behauptungen z.B. über die Existenz und Natur der Seele, die Existenz und Natur Gottes, die Frage, wie die Substanzen in wechselseitiger Interaktion stehen, usw. findet, und es kein klares gemeinsames Kriterium dafür gibt, welche dieser Argumente und Behauptungen gültig und nachvollziehbar sind. Der Kampf erweist sich als «ein bloßes Herumtappen», da «noch niemals irgend ein Fechter sich auch den kleinsten Platz hat erkämpfen und auf seinen Sieg einen dauerhaften Besitz gründen können» (KrV BXV).

Nach Kant ist die Art und Weise, wie die Philosophen sich an diesem Kampf beteiligt haben, *dogmatisch*. Dogmatisch ist die Metaphysik, wenn sie beansprucht, zu Erkenntnissen a priori von Gegenständen zu gelangen, ohne vorher zu klären, ob ein legitimer Erkenntnisanspruch erhoben werden kann. Da sie von einer ungeprüften Voraussetzung ausgeht, kann sie weder Gewissheit beanspruchen noch Meinungsverschiedenheiten tatsächlich auflösen.

Die ‹Kritik der reinen Vernunft› soll eine Abhilfe in dieser verfahrenen Situation der Metaphysik schaffen. Ihre Strategie besteht aber weder darin, die Argumente der am Streit Beteiligten genau zu analysieren, noch darin, die Kriterien der Gültigkeit dieser Argumente direkt zu bestimmen. Vielmehr untersucht sie unsere Vernunft selbst, hier im weiten Sinn als das Vermögen von Erkenntnissen a priori verstanden, um einen «Gerichtshof einzusetzen, der sie bei ihren gerechten Ansprüchen sichere, dagegen aber alle grundlosen Anmaßungen nicht durch Machtsprüche, sondern nach ihren ewigen und unwandelbaren Gesetzen abfertigen könne» (KrV AXII; vgl. A10f./B24f., A841/B869). Kant zufolge kann nur eine Untersuchung der verschiedenen Beiträge dieses Vermögens zu unserer Erkenntnis a priori und zur Erkenntnis im Allgemeinen Kriterien für die Gültigkeit von Argumenten in der Metaphysik hervorbringen. Diese Kriterien sind also davon abhängig, was wir durch unser Vermögen erkennen können.

Das Ergebnis von Kants kritischer Untersuchung fällt sowohl positiv als auch negativ aus. Positiv fällt es aus, weil es tatsächlich Erkenntnisse a priori gibt, zu denen wir fähig sind und die einen Teil der Metaphysik ausmachen. Zugleich fällt es negativ aus, weil die Kritik unserer Fähigkeit, zu Erkenntnissen a priori zu gelangen, enge Grenzen zieht. Viele der Behauptungen in der Geschichte der Metaphysik, die in den vorher genannten dogmatischen Diskussionen eine zentrale Rolle spielen, sind gemäß dieser Grenzziehung schlicht illegitim. Das könnte betrüblich erscheinen, da wir unsere Ansprüche auf bestimmte metaphysische Erkenntnisse aufgeben müssen. Nach Kant ist die Bestimmung dieser Grenzen aber notwendig, um endlich aus der Metaphysik eine Wissenschaft zu machen.

Die Möglichkeit von synthetischen Urteilen a priori

Wie wir gesehen haben, soll die Kritik der reinen Vernunft bestimmen, ob aus der Metaphysik eine Wissenschaft werden kann. Die Analyse unseres Erkenntnisvermögens bildet dabei die Strategie zum Erreichen dieses Zieles. Darüber hinaus identifiziert die Kritik auch eine Frage, ohne deren Beantwortung das Ziel nicht erreicht werden kann. Sie lautet: «*Wie sind synthetische Urteile a priori möglich?*» (KrV B19). Nach Kant hat in der Geschichte der Philosophie niemand vor ihm diese Frage so deutlich gestellt – und genau darin liegt ihm zufolge ein weiterer Grund für den schlechten Zustand der Metaphysik.

Um die Bedeutung dieser Frage zu erklären, muss man zuerst die Unterschiede zwischen analytischen und synthetischen Urteilen sowie zwischen Urteilen a priori und a posteriori kennenlernen. Kant besitzt ein traditionelles Verständnis des Urteils als Verbindung von zwei Begriffen (eines Subjekt-Begriffs und eines Prädikat-Begriffs) durch die Kopula. Analytische Urteile sind Urteile, in denen das Prädikat im Subjekt bereits enthalten ist (KrV A6 f./B10 f.). In der Logik zu Kants Zeit wird die innere Struktur eines Begriffs anhand weiterer Begriffe erklärt. Dementsprechend ‹enthält› ein Begriff andere Begriffe, die Kant wie seine Zeitgenossen ‹Merkmale› nennt. Nehmen wir zum Beispiel den Begriff ‹Körper›: Nach Kant enthält er den Begriff ‹ausgedehnt› als eines seiner Merkmale (KrV A7/B11). Analytische Urteile sind Urteile, die diese Relation des Enthalten-Seins explizit machen. In ihnen kommt als Prädikat ein Begriff vor, der zugleich ein Merkmal des Subjekt-Begriffs ist wie im Satz ‹Alle Körper sind ausgedehnt›. Da analytische Urteile nur die interne Struktur eines Begriffs vorstellen, müssen wir nur die im Urteil vorkommenden Begriffe analysieren, um zu bestimmen, ob es wahr oder falsch ist.

Anders verhält es sich mit synthetischen Urteilen, da bei ihnen der Prädikat-Begriff im Subjekt-Begriff nicht bereits enthalten ist. Die bloße Analyse dieser Begriffe ist nicht hinreichend, um herauszufinden, ob das Urteil wahr oder falsch ist. Stattdessen benötigt man «ein Drittes» (KrV A155/B194), um die Gültigkeit des behaupteten Verhältnisses zwischen Subjekt und Prädikat zu gewährleisten. In den meisten Fällen ist dieses gesuchte Dritte durch die *Erfahrung* gegeben. Das ist der Fall, wenn wir in der Erfahrung darauf aufmerksam werden, dass Gegenständen einer bestimmten Art eine bestimmte Eigenschaft zukommt. Demgemäß urteilen wir, dass diese Eigenschaft den Gegenständen der betreffenden Art zukommt. Z. B. urteilen wir, «alle Körper sind schwer» (KrV A7/B11), auch wenn der Begriff ‹schwer› nicht im Begriff ‹Körper› enthalten ist, weil wir durch die Erfahrung feststellen, dass Körper schwer sind.

Kommen wir nun zum Unterschied zwischen Urteilen a priori und a posteriori. Unter Urteilen a priori versteht man Urteile, die von Erfahrung unabhängig sind. Da wir die Gültigkeit von analytischen Urteilen bloß durch die Analyse der im Urteil enthaltenen Begriffe feststellen können, sind analytische Urteile auch a priori. Urteile a posteriori sind dagegen von Erfahrung abhängig. Zwar sind synthetische Urteile auch a posteriori, wenn das ‹Dritte› durch Erfahrung gegeben wird. Dies hat aber nicht zur Folge, dass alle synthetische Urteile a posteriori sind. Eine zentrale These Kants, die zu seinen wichtigsten Innovationen gehört, lautet vielmehr, dass es synthetische Urteile a priori gibt – Urteile, deren Gültigkeit unabhängig von Erfahrung bestimmt werden kann und die dennoch nicht bloß eine Relation des Enthalten-Seins unter Begriffen explizit machen. Dass es solche Urteile gibt, ist für Kant gewiss. Viele Urteile, die wir in der Mathematik oder in der Physik finden, haben diesen Status, man denke z. B. an das Urteil «7 + 5 = 12» (KrV B15 f.) oder das Urteil, dass «in allen Veränderungen der körperlichen Welt die Quantität der Materie unverändert bleibe» (KrV B17).

Wenn die Metaphysik eine Wissenschaft werden soll, so muss sie ihre Fähigkeit beweisen, zu gültigen synthetischen Urteilen a priori zu gelangen. Das ist notwendig, weil sie echte Erkenntnisse über Gegenstände enthalten soll. Dementsprechend dürfen diese Erkenntnisse nicht nur auf einer Relation des Enthalten-Seins unter Begriffen basieren, sondern müssen ‹synthetisch› sein. Da aber die Metaphysik als eine angebliche ‹Vernunftwissenschaft› a priori sein soll, sollen diese Erkenntnisse auch a priori sein. Die Frage nach der Möglichkeit von synthetischen Urteilen a priori in der Metaphysik ist deshalb zentral für die *Kritik der reinen Vernunft.*

Die kopernikanische Wende

Durch gültige synthetische Urteile a priori sind wir fähig, etwas a priori über Gegenstände zu erkennen – etwas, das jedoch nicht auf den bereits feststehenden Inhalt der Begriffe, die wir verwenden, zurückgeführt werden kann. Da die betreffende Erkenntnis a priori sein muss, darf sie aber nicht von der induktiven Feststellung der Eigenschaften abhängen, die einem Gegenstand zukommen. In diesem Fall wäre die Erkenntnis a posteriori. In der B-Vorrede schlägt Kant einen «Versuch» (KrV BXVI) vor, der uns ermöglichen kann, zu verstehen, wie wir zu solchen synthetischen und doch apriorischen Erkenntnissen gelangen können. Statt von der Annahme auszugehen, dass unsere Erkenntnisse sich nach den Gegenständen richten, sollen wir untersuchen, ob «die Gegenstände sich nach unserem Erkenntniß richten [müssen]» (KrV BXVI). Diese Perspektive einzunehmen bedeutet, eine «Revolution der Denkart» (KrV BXI) in der Metaphysik einzuleiten, die ähnlich wie die Revolution von Kopernikus in der Astronomie ist: «Es ist hiemit eben so, als mit den ersten Gedanken des *Copernicus* bewandt, der, nachdem es mit der Erklärung der Himmelsbewegungen nicht gut fort wollte, wenn er annahm, das ganze Sternheer drehe sich um den Zuschauer, versuchte, ob es nicht besser gelingen möchte, wenn er den Zuschauer sich drehen und dagegen die Sterne in Ruhe ließ» (KrV BXVI). Gemeint ist damit die Hypothese von Kopernikus, dass die Erde sich um ihre eigene Achse dreht. Wie Kopernikus nach dieser Hypothese die Bewegungen der Planeten auf die Bewegung des Zuschauers auf der Erdoberfläche zurückführte, muss die Kritik untersuchen, ob wir einige Eigenschaften von Gegenständen a priori erkennen können, *weil unsere Erkenntnisse dieser Gegenstände von unseren Erkenntnisvermögen notwendig bestimmt werden.* Diese Idee ist natürlich mit Kants Auffassung einer ‹Gesetzgebung der Vernunft› eng verbunden. Zunächst betrachten wir aber, welche Erkenntnisvermögen es sind, die nach Kant unsere Erkenntnisse von Gegenständen bestimmen.

Transzendentale Ästhetik und transzendentale Logik

Eine der wichtigsten Neuerungen, die Kant in die Philosophie seiner Zeit eingeführt hat, besteht darin, der Art nach zwischen sinnlichen und intellektuellen Vorstellungen zu unterscheiden. In der deutschen Philosophie vor Kant wurden diese Vorstellungen nur nach dem Grad ihrer Klarheit unterschieden. Für Philosophen wie Gottfried Wilhelm Leibniz oder Christian Wolff sind sinnliche Vorstellungen Begriffe, die ‹klar›, aber ‹verworren› sind. Das heißt, dass wir durch diese Begriffe zwar fähig sind, die Gegenstände, die ihnen entsprechen, richtig zu erkennen; wir sind aber nicht fähig, zu benennen, welche Eigenschaften der Gegenstände zur richtigen Erkenntnis führen. Wir können diese Eigenschaften nicht nennen, weil wir keine klare Vorstellung der ‹Merkmale› haben, d. h. der ‹Teilbegriffe›, die unseren Begriff ausmachen. Z. B. haben wir einen klaren, aber verworrenen Begriff einer Blume, wenn wir Blumen als Blumen richtig erkennen, aber nicht sagen können, welche die Merkmale (z.B. ‹Pflanze›, ‹Blumenblätter-habend›, ‹Stamm-habend› usw.) sind, die für die richtige Erkenntnis verantwortlich sind. Im Gegensatz zu sinnlichen Vorstellungen sind intellektuelle Vorstellungen Begriffe, die nicht nur klar, sondern auch ‹deutlich› sind: Wir haben eine explizierbare Vorstellung der Merkmale, die unseren Gebrauch des Begriffs leiten. Durch einen deutlichen Begriff einer Blume kann ich nicht nur Blumen als Blumen erkennen, sondern auch sagen, dass ein bestimmter Gegenstand eine Blume ist, weil er die Merkmale einer Blume aufweist: ‹Pflanze›, ‹Blumenblätter-habend›, ‹Stamm-habend› usw.

Gegen diese Weise, zwischen sinnlichen und intellektuellen Vorstellungen zu unterscheiden, argumentiert Kant, dass der betreffende Unterschied tatsächlich ein Unterschied der Art nach ist, weil unsere Vermögen der Sinnlichkeit und des Verstandes in verschiedener Weise zur Erkenntnis beitragen. In Kants Worten: «Die Leibniz-Wolffische Philosophie hat daher allen Untersuchungen über die Natur und den Ursprung unserer Erkenntnisse einen ganz unrechten Gesichtspunkt angewiesen, indem sie den Unterschied der Sinnlichkeit vom Intellectuellen bloß als logisch betrachtete, da er offenbar transscendental ist und nicht bloß die Form der Deutlichkeit oder Undeutlichkeit, sondern den Ursprung und den Inhalt derselben betrifft» (KrV A44/B61–62).

‹Transzendental› ist ein technischer Terminus bei Kant. Wir werden weiter unten genauer sehen, was Kant unter einer ‹transzendentalen Deduktion› oder einer ‹transzendentalen Erkenntnis› versteht. Hier aber benutzt er das Wort nur, um zu betonen, dass der Unterschied zwischen sinnlichen und intellektuellen Vorstellungen einem Unterschied der Art nach entspricht. Um den Unterschied zwischen dem Beitrag der Sinnlichkeit und dem Beitrag des Verstandes zu unserer Erkenntnis deutlich zu machen, erklärt Kant die Sinnlichkeit als «die *Rezeptivität* unseres Gemüts, Vorstellungen zu empfangen, so fern es auf irgend eine Weise affiziert wird» (KrV A51/B75). Dagegen ist der Verstand «das Vermögen, Vorstellungen selbst hervorzubringen, oder die *Spontaneität* des Erkenntnisses» (KrV A51/B75). Die Sinnlichkeit ist ‹rezeptiv›, weil sie darauf angewiesen ist, von den Gegenständen affiziert zu werden, um zu Vorstellungen zu gelangen. Demgegenüber ist der Verstand ‹spontan›, weil ihm diese Abhängigkeit nicht zukommt und er deshalb in der Lage ist, durch eigene Aktivität Vorstellungen hervorzubringen. Dass die Sinnlichkeit als ‹rezeptiv› und der Verstand als ‹spontan› bezeichnet werden, hat weitreichende Folgen dafür, wie *Anschauungen* und *Begriffe* (im Sinne von Vorstellungsarten) charakterisiert werden. Die ersteren, die wir durch Sinnlichkeit gewinnen, sind ‹unmittelbar› und ‹einzeln› (KrV A320/B376–377, A19/B33, A68/B93; Log 9:91): ‹unmittelbar›, weil sich eine Anschauung direkt und damit nicht durch andere Vorstellungen auf einen Gegenstand bezieht; ‹einzeln›, weil sie einen einzelnen Gegenstand vorstellen. Dagegen sind Begriffe, nämlich die Vorstellungen des Verstandes, ‹mittelbar› (bzw. ‹diskursiv›) und ‹allgemein› (KrV A320/B376–377; Log 9:91): ‹mittelbar›, weil sich ein Begriff durch seine Merkmale indirekt auf Gegenstände bezieht; ‹allgemein›, weil es mehrere Gegenstände gibt oder zumindest geben kann, die unter den betreffenden Begriff und seine Merkmale fallen.

Nehmen wir wiederum die Vorstellung einer Blume als Beispiel. Durch meinen Begriff einer Blume kann ich eine besondere Blume *als* Blume erkennen. Dazu bin ich in der Lage, weil ich einige Eigenschaften des Gegenstandes als typisch für Blumen erkenne. Dies ist aber nur durch die ‹Merkmale› meines Begriffs möglich, anhand deren ich die betreffenden Eigenschaften identifiziere. Diese Merkmale sind allgemein, weil es im Prinzip mehrere Gegenstände gibt, die unter ein Merkmal fallen. Anders steht es um meine Anschauung einer besonderen Blume. Diese ist davon abhängig, dass der Gegenstand meine Sinne affiziert. Entsprechend repräsentiert meine Vorstellung nur diesen einzelnen Gegenstand: Sie bezieht sich direkt auf ihn – und nicht über das Erfassen von Merkmalen, die er mit anderen Gegenständen teilt.

Nach Kant sind sowohl Begriffe als auch Anschauungen für unsere Erkenntnis von Gegenständen erforderlich, weil sie verschiedene Rollen für diese Erkenntnis innehaben. So schreibt er in einer berühmten Passage: «Ohne Sinnlichkeit würde uns kein

Gegenstand gegeben und ohne Verstand keiner gedacht werden. Gedanken ohne Inhalt sind leer, Anschauungen ohne Begriffe sind blind. Daher ist es eben so nothwendig, seine Begriffe sinnlich zu machen (d.i. ihnen den Gegenstand in der Anschauung beizufügen), als seine Anschauungen sich verständlich zu machen (d.i. sie unter Begriffe zu bringen)» (KrV A51/B75).

Wie wir bereits wissen, soll die erste *Kritik* bestimmen, ob die Metaphysik eine Wissenschaft werden kann. Außerdem haben wir gelernt, dass sie der Strategie folgt, anhand einer Analyse der Tätigkeit unserer Erkenntnisvermögen herauszufinden, ob und wie wir in der Metaphysik zu synthetischen Erkenntnissen a priori gelangen können. Da für unsere Erkenntnis von Gegenständen eine Zusammenarbeit zwischen Begriffen und Anschauungen und damit zwischen Verstand und Sinnlichkeit erforderlich ist, muss Kants Analyse diese beiden Erkenntnisvermögen berücksichtigen. Daher ist die Elementarlehre der *Kritik der reinen Vernunft* in zwei Teile geteilt: die transzendentale Ästhetik und die transzendentale Logik. Die transzendentale Ästhetik bezeichnet Kant als «eine Wissenschaft von allen Prinzipien der Sinnlichkeit a priori» (KrV A21/B35). Sie soll herausfinden, wie die Sinnlichkeit unsere Erkenntnis von Gegenständen a priori bestimmen kann. Dagegen enthält die transzendentale Logik nach seiner Erklärung «die Prinzipien des reinen Denkens» (KrV A21/B36). Entsprechend soll sie eine vergleichbare Untersuchung mit Blick auf den Verstand durchführen. Allerdings gebraucht Kant den Terminus ‹Verstand› sowohl in einem engen als auch in einem weiten Sinn. Im weiten Sinn wird der Verstand bloß im Gegensatz zur Sinnlichkeit als dem Vermögen von mittelbaren oder diskursiven Erkenntnissen charakterisiert (A67–68/B92–93, A130–131/B169). Die transzendentale Logik im Allgemeinen untersucht den Verstand in diesem weiten Sinn. Kant unterteilt die transzendentale Logik aber wiederum in transzendentale Analytik und transzendentale Dialektik (KrV A62–64/B87–88), wobei die transzendentale Analytik dem Verstand im engen Sinn als dem Vermögen der Begriffe sowie darüber hinaus der Urteilskraft gewidmet ist, während die transzendentale Dialektik die Vernunft im engen Sinn als das Vermögen von Schlüssen analysiert (KrV A130–131/B169). Sowohl durch den Verstand im engen Sinn als auch durch die Vernunft im engen Sinn gelangen wir zu Vorstellungen a priori. Gemäß dem Projekt der ersten *Kritik* ist dementsprechend zu prüfen, ob diese beiden Erkenntnisvermögen auch zu gültigen Erkenntnissen a priori beitragen. Wie wir sehen werden, sind jedoch nur die Sinnlichkeit und der Verstand im engen Sinn für Vorstellungen a priori verantwortlich, die uns auch zu gültigen Erkenntnissen führen. Dagegen gelangen wir nicht direkt zu Erkenntnissen durch ‹Ideen›, d. h. durch die Vorstellungen a priori der Vernunft in engen Sinn. Nichtdestotrotz spielen Ideen eine wichtige Rolle für unsere Erkenntnis, da sie unsere Erforschung der Natur leiten.

Die Sinnlichkeit, die Formen von Raum und Zeit und der transzendentale Idealismus

Die transzendentale Ästhetik, der erste Teil der Elementarlehre der *Kritik der reinen Vernunft*, ist der Untersuchung gewidmet, ob es Vorstellungen a priori der Sinnlichkeit gibt, die unsere Erkenntnis von Gegenständen notwendigerweise bestimmen. Kant argumentiert dafür, dass Raum und Zeit, als Formen a priori der Anschauung, diese Anforderung erfüllen. Als Formen a priori sind sie dafür verantwortlich, dass die Vorstellungen, die wir durch die Affektion unserer Sinne erhalten, eine bestimmte Ordnung bekommen. Diese Ordnung ist nicht in den Gegenständen selbst zu suchen. Vielmehr ist sie davon abhängig, dass wir die Gegenstände durch unsere Sinnlichkeit und ihre Formen auffassen.

Kant entwickelte dieses Verständnis von Raum und Zeit in direkter Entgegensetzung zu den Theorien von Isaac Newton und Gottfried Wilhelm Leibniz. Nach Newton sind Raum und Zeit ‹absolute› Entitäten, die von den in ihnen enthaltenden Gegenständen unabhängig existieren. Dagegen entstehen Raum und Zeit für Leibniz als Systeme von Verhältnissen zwischen Substanzen: Da sie Verhältnissen des Neben- und Nacheinanders entsprechen, hängen sie von der Existenz der Substanzen ab. Stellt man diesen Ansätzen Kants eigene Auffassung gegenüber, so wird klar, dass Raum und Zeit als Formen der Anschauung nicht auf die Verhältnisse zwischen Gegenständen zurückgeführt werden können. Als solche Formen beschreiben sie vielmehr die Bedingungen, unter denen räumliche und zeitliche Verhältnisse zwischen Gegenständen überhaupt festgestellt werden können. Mit Blick auf den Raum bezieht sich Kants Hauptargument gegen Leibniz auf das Phänomen der ‹inkongruenten Gegenstücke› (Prol 4:285 f.). Damit sind Paare von Gegenständen gemeint, die eine ähnliche Gestalt haben, aber nicht den gleichen Raum einnehmen können – wie eine rechte und eine linke Hand, die (abgesehen von der Tatsache, dass die eine rechts und die andere links ist) in allen anderen Eigenschaften identisch sind (wie eine rechte Hand und ihr gespiegeltes Bild). Nach Leibniz beruhen alle räumlichen Eigenschaften der beiden Hände auf den internen Verhältnissen zwischen ihren Teilen. Es ist aber unmöglich, zwischen einer rechten und einer linken Hand zu unterscheiden, wenn man nur die internen Verhältnisse zwischen ihren Teilen betrachtet. Stattdessen muss man in der Lage sein, sich auf einen vorher gegebenen Raum zu beziehen, um ihren Unterschied zu begreifen. Dementsprechend ist der Raum nicht von der Existenz der Gegenstände sowie ihren Teilen abhängig, sondern geht ihnen voraus. Etwas Ähnliches lässt sich für die Zeit behaupten. Diese Einsicht hat aber nicht zur Folge, dass Raum und Zeit nach Kant absolute Entitäten sind. Da Kant sie als Formen unserer sinnlichen Vorstellungen bestimmt, sind sie bloß ‹subjektiv› und keine objektiv wirklichen Entitäten (KrV A23/B37 f.).

Kant beschreibt Raum und Zeit demnach als Anschauungen bzw. sinnliche Vorstellungen. Das bedeutet, dass nicht alle Anschauungen von einer Affektion unserer Sinne abhängen. Ansonsten wäre es schwierig zu verstehen, wie es Vorstellungen a priori der Sinnlichkeit geben kann. Außerdem haben nach Kant unsere mathematischen und geometrischen Erkenntnisse, die auch a priori sind, eine anschauliche Natur, auch wenn sie nicht von einer Affektion herrühren. Diese apriorischen Vorstellungen müssen nach Kant immer noch als anschaulich betrachtet werden, weil sie ‹einzelne› und ‹unmittelbare› Vorstellungen sind –

und auch eine konstitutive Rolle für die von einer Affektion abhängigen Anschauungen spielen.

In der B-Auflage der *Kritik* bezeichnet Kant die Textpassagen, in denen er seine Argumente für sein Verständnis von Raum und Zeit als Formen der Anschauungen präsentiert, als metaphysische und transzendentale Erörterungen. Die metaphysischen Erörterungen sollen beweisen, dass unsere Vorstellungen von Raum und Zeit einen apriorischen Charakter besitzen und wesentlich zu unserer Sinnlichkeit gehören. Kant entwickelt vier Argumente hinsichtlich des Raumes (KrV B37–40) und präsentiert fünf Argumente hinsichtlich der Zeit (KrV B46–48), auch wenn er behauptet, dass das dritte Argument hinsichtlich der Zeit eigentlich zur transzendentalen Erörterung gehört (KrV B48). Die ersten beiden Argumente sollen nachweisen, dass unsere Vorstellungen von Raum und Zeit a priori sind, und die letzten zwei, dass sie ursprünglich Anschauungen sind. Betrachten wir exemplarisch Kants zweites Argument für die apriorische Beschaffenheit der Zeit. Er verweist hier auf eine Asymmetrie zwischen unserer Vorstellung der Zeit und ‹Erscheinungen› im Allgemeinen, womit er die Gegenstände meint, die uns durch die Sinnlichkeit gegeben werden. Kant argumentiert: «Man kann in Ansehung der Erscheinungen überhaupt die Zeit selbst nicht aufheben, ob man zwar ganz wohl die Erscheinungen aus der Zeit wegnehmen kann. Die Zeit ist also a priori gegeben» (KrV A31/B46). Nach Kant zeigt diese Asymmetrie zwischen unserer Vorstellung der Zeit und unserer Vorstellung von Gegenständen in der Zeit, dass der ersteren eine Priorität zukommt. Wir stellen alle Gegenstände unserer Erfahrung notwendigerweise in der Zeit vor. Die Zeit selbst dagegen stellen wir als etwas vor, das unabhängig von diesen Gegenständen gegeben ist. Nach Kants Meinung zeigt das, dass unsere Vorstellung der Zeit apriorisch sowie eine Bedingung von Erscheinungen und damit von Gegenständen unserer empirischen sinnlichen Vorstellungen ist. Kant präsentiert ein ähnliches Argument für die Vorstellung des Raumes (KrV A24/B38 f.), auch wenn er nicht behaupten kann, dass alle Erscheinungen notwendigerweise im Raum sind. Schließlich gibt es auch sinnliche Vorstellungen, die sich nur auf unsere innerlichen subjektiven Zustände beziehen und somit keine räumliche Charakteristik besitzen. Es gilt aber, dass alle äußeren Erscheinungen notwendigerweise im Raum sind.

Um zu beweisen, dass unsere Vorstellungen des Raumes und der Zeit ursprünglich Anschauungen sind, weist er auf zwei Eigenschaften des Raumes und der Zeit hin (KrV B39f. und B47f.): Wir stellen uns Raum und Zeit als *einzeln* und *unendlich* vor. Konzentrieren wir uns auf die Einzelheit des Raumes und der Zeit: Kant beharrt auf der Tatsache, dass wir den Raum und die Zeit als einzeln und ihre Teile als Einschränkungen eines und desselben Raumes und einer und derselben Zeit unmittelbar vorstellen (KrV A24f./B39, A31f./B47). Wir haben außerdem gesehen, dass es sich bei ‹einzelnen› Vorstellungen um Anschauungen handelt, weil diese einen einzelnen Gegenstand vorstellen. Es ist nicht der Fall, dass wir uns die Einzelheit des Raumes und der Zeit ursprünglich als ein Merkmal vorstellen, das sie mit anderen Gegenständen gemeinsam haben. In diesem Fall würden wir diese Eigenschaft durch Begriffe erkennen. Vielmehr erkennen wir die Einzelheit direkt durch unsere Vorstellungen von Raum und Zeit, was nach Kant nur durch Anschauungen geschehen kann (KrV A32/B47).

Während die metaphysischen Erörterungen zeigen, dass unsere Vorstellungen von Raum und Zeit ursprünglich Anschauungen mit apriorischem Charakter sind, sollen die ‹transzendentalen Erörterungen› zeigen, dass gültige synthetische Erkenntnisse a priori auf der Basis dieser Anschauungen möglich sind. Wir können erklären, so Kant, wie wir zu synthetischen Erkenntnissen a priori in der Geometrie (KrV B40f.) und in der Bewegungslehre (KrV B48f.) gelangen, wenn wir Raum und Zeit als apriorische Anschauungen verstehen. Werfen wir einen Blick auf Kants Argument für den Raum: Er nimmt an, dass es synthetische Sätze a priori in der Geometrie gibt, was aber nur dann erklärt werden kann, wenn wir davon ausgehen, dass wir eine Anschauung a priori des Raumes haben. Wenn unsere geometrischen Erkenntnisse auf dem Inhalt von geometrischen Begriffen beruhen würden, wären sie analytisch und nicht synthetisch.

Und würden sie von empirischen Anschauungen abhängen, besäßen sie keine hinreichende Allgemeingültigkeit (KrV B40f.).

Kants transzendentale Erörterung des Raumes ist auch hilfreich, um seine Theorie des transzendentalen Idealismus einzuführen. Im Rahmen seiner Argumentation dort erklärt er, wie die Geometrie als eine apriorische Wissenschaft auf äußere empirische Gegenstände anwendbar ist: «Wie kann nun eine äußere Anschauung dem Gemüthe beiwohnen, die vor den Objecten selbst vorhergeht, und in welcher der Begriff der letzteren a priori bestimmt werden kann? Offenbar nicht anders, als sofern sie bloß im Subjecte, als die formale Beschaffenheit desselben von Objecten afficirt zu werden und dadurch *unmittelbare Vorstellung* derselben, d.i. *Anschauung*, zu bekommen, ihren Sitz hat, also nur als Form des äußeren *Sinnes* überhaupt» (KrV B41). Dass der Raum eine Form a priori der Anschauung bzw. der Sinnlichkeit ist, die ‹im Subjekt› liegt, kann sowohl erklären, dass wir in der Geometrie zu apriorischen Erkenntnissen gelangen, als auch, dass diese Erkenntnisse die Verhältnisse zwischen empirischen Gegenständen bedingen.

Diese These bringt uns zu Kants transzendentalem Idealismus. Wenn wir räumliche Eigenschaften von Gegenständen erfassen, erkennen wir Eigenschaften, die vom Raum als Form unserer Sinnlichkeit abhängen. Das heißt: Wir erkennen nicht Eigenschaften, die die Gegenstände *an sich selbst* besitzen, sondern Eigenschaften, die die Gegenstände haben, weil sie uns *erscheinen*.[4] Kant argumentiert in einer ähnlichen Weise für die Form der Zeit und die zeitlichen Eigenschaften sinnlich wahrnehmbarer Gegenstände. Dass Raum und Zeit apriorische Formen der Sinnlichkeit sind, hat aber nicht nur Folgen für die räumlichen und zeitlichen Eigenschaften der Gegenstände. Als Formen der Anschauungen bedingen Raum und Zeit alle Gegenstände, die uns durch unsere Sinnlichkeit gegeben werden. Da aber alle Gegenstände, die wir mit unseren Sinnen erschließen, von diesen subjektiven Formen bedingt sind, gilt für diese Gegenstände *im Allgemeinen*, dass wir sie nur so erkennen können, wie sie uns erscheinen. Dennoch wissen wir, dass unsere Erkenntnis von Gegenständen davon abhängt, dass sie uns durch

Anschauungen gegeben werden. Das bedeutet, dass die Formen von Raum und Zeit alle Gegenstände unserer Erkenntnis bedingen und dass für alle diese Objekte gilt, was wir gerade für sinnlich erschlossene Gegenstände behauptet haben. Auf diese Weise ist Kants These zu verstehen, dass die Gegenstände unserer Erkenntnis ‹Erscheinungen› und nicht ‹Dinge an sich› sind (KrV A27 f./B43 f., A34–36/B51–53).[5]

Der Verstand, die Kategorien und die Bedingungen der Möglichkeit der Erfahrung

Wie die transzendentale Ästhetik mit Blick auf die Sinnlichkeit, so untersucht die transzendentale Logik mit Blick auf den Verstand, ob es Vorstellungen a priori gibt, die unsere Erkenntnis von Gegenständen *notwendigerweise* bestimmen. Wie wir gesehen haben, spricht Kant manchmal vom Verstand in einem weiten Sinn – dann beschreibt er unsere spontane Erkenntnisfähigkeit im Allgemeinen – und manchmal vom Verstand in einem engen Sinn – dann beschreibt er neben Urteilskraft und theoretischer Vernunft ein Teilvermögen jener allgemeinen Erkenntnisfähigkeit (KrV A130–131/B169). Diese Teilvermögen sind dabei allesamt Verwirklichungen der Spontaneität des Denkens, da sie Vorstellungen auch ohne sinnliche Affektion durch Akte des Denkens eigens hervorbringen können (KrV A51/B75). Während der Verstand und die Urteilskraft in der ‹transzendentalen Analytik› untersucht werden, steht die Vernunft im Fokus der ‹transzendentalen Dialektik›. An dieser Stelle konzentrieren wir uns auf die ‹Analytik›, und zwar insbesondere auf ihren ersten Teil, die ‹Analytik der Begriffe›, die dem Verstand im engen Sinn und seinen Begriffen a priori gewidmet ist. Kant bezeichnet diese apriorischen Vorstellungen als ‹Kategorien›. Sie legen zusammen fest, was ein ‹Gegenstand überhaupt› für uns ist; sie sind ‹Regeln› oder ‹Kriterien›, die bestimmen, wie wir einen Gegenstand als solchen und Verhältnisse zwischen Gegenständen erkennen können. Kants Betrachtung der Kategorien findet hauptsächlich in zwei ‹Deduktionen› statt, wobei die erste von ihm als ‹metaphysisch› und die zweite als ‹transzendental› bezeichnet wird. Die erste hat zur Aufgabe, sämtliche Kategorien einzuführen und deutlich voneinander zu unterscheiden; die zweite dagegen soll zeigen, dass wir durch die Kategorien zu gültigen apriorischen Erkenntnissen von Gegenständen gelangen.

Auch wenn sich die Analytik der Begriffe auf den Verstand und seine apriorischen Vorstellungen konzentriert, wird bald klar, dass eine enge Verbindung zwischen Begriffen und Urteilen besteht. Kant behauptet, dass wir nur mittels Urteilen zu Erkenntnissen durch Begriffe gelangen können: «Von diesen Begriffen kann nun der Verstand keinen anderen Gebrauch machen, als daß er dadurch urtheilt» (KrV A68/B93). Das hängt mit der Charakterisierung von Begriffen als ‹mittelbaren› Vorstellungen zusammen. Sie werden so beschrieben, weil sie sich, wie oben gezeigt, indirekt durch ihre Merkmale auf Gegenstände beziehen, wobei diese indirekte Beziehung durch Urteile hergestellt wird. Kant benutzt das Urteil «alle Körper sind teilbar» als Beispiel (KrV A68/B93). In diesem Urteil verwenden wir den Begriff ‹teilbar›, um eine Eigenschaft der Gegenstände zu erkennen, die unter den Begriff ‹Körper› gehören. Die Erkenntnis, die durch dieses Urteil ausgedrückt wird, ist ‹mittelbar› auf zwei verschiedene Weisen: Auf der einer Seite bezieht sich der Begriff ‹teilbar› nur durch den Begriff ‹Körper› auf eine bestimmte Menge von Gegenständen, die der letztere Begriff identifiziert. Auf der anderen Seite wird der Begriff ‹Körper› durch den Begriff ‹teilbar› bestimmt, sodass ‹Teilbarkeit› eine Eigenschaft wird, durch die wir Körper als Körper erkennen können.

Der enge Zusammenhang zwischen Begriffen und Urteilen spielt eine wichtige Rolle im Kontext der metaphysischen Deduktion der Kategorien, da Kant seine Tafel der Kategorien, die Begriffe sind, aus der Tafel der Urteilsformen herleitet. Die sogenannte metaphysische Deduktion befindet sich im Hauptstück «Von dem Leitfaden der Entdeckung aller reinen Verstandesbegriffe» (KrV A66–83/B91–109). Nachdem Kant gezeigt hat, dass Erkenntnisse durch Begriffe notwendigerweise auch Erkenntnisse durch Urteile sind, identifiziert er die fundamentalen Formen des Urteilens. In Anbetracht des Zusammenhangs zwischen Urteilen und Begriffen können diese zugleich als fundamentale Arten der Erkenntnis durch Begriffe gelten.[6]

Die Tafel der Urteilsformen enthält zwölf solcher Formen, die unter vier ‹Titeln› organisiert sind: Quantität, Qualität, Relation und Modalität. Die Tafel der Kategorien besitzt folgerichtig eine ähnliche Struktur mit zwölf Kategorien unter vier Titeln. Es würde zu weit führen, den Inhalt der einzelnen Begriffe erklären zu wollen. Wichtig ist vor allem, dass sie gemeinsam bestimmen, wie wir einen Gegenstand *als solchen* und *Verhältnisse* zwischen Gegenständen erkennen können. Z. B. benutzen wir die Kategorie der Substanz, um die Identität eines Gegenstands in der Änderung seiner Zustände zu begreifen. Ähnlich ist für uns die Kategorie der Kausalität notwendig, um eine Aufeinanderfolge zwischen den Zuständen eines Gegenstandes erfassen zu können, die ‹objektiv› in dem Sinne ist, dass sie den Status einer allgemeingültigen Aufeinanderfolge besitzt.

Worin besteht aber das Verhältnis zwischen den Urteilsformen in der ersten Tafel und den Kategorien? Kant behauptet, dass sie *identisch* sind. Die Kategorien sind die Urteilsformen selbst – mit dem Unterschied, dass sie nicht benutzt werden, um eine bestimmte Einheit zwischen Begriffen in einem Urteil hervorzubringen, sondern um eine bestimmte Einheit in unseren Anschauungen sichtbar werden zu lassen: «Dieselbe Function, welche den verschiedenen Vorstellungen *in einem Urtheile* Einheit giebt, die giebt auch der bloßen Synthesis verschiedener Vorstellungen *in einer Anschauung* Einheit, welche, allgemein ausgedrückt, der reine Verstandesbegriff heißt» (KrV A79/B104f.). Man kann hier fragen, warum die Kategorien ihre Funktion auf dem Niveau der Anschauungen ausüben müssen. Kants Antwort lautet: Durch Urteile sind wir fähig, eine ‹Einheit› unter unseren Begriffen herzustellen. Damit die Einheitsbildung in unseren Begriffen auch ein Mittel ist, um eine Einheit in den *Gegenständen* zu erschließen, auf die sich die Begriffe beziehen, muss der Verstand auch hinsichtlich unserer Anschauungen aktiv werden – d. h. mit Blick auf die Vorstellungen, durch die uns Gegenstände in der Welt allererst begegnen. Demgemäß sind die Kategorien die Weisen, durch die wir eine Einheit in den Anschauungen gewinnen; und diese Einheit entspricht wiederum der Einheit, die wir durch die Urteilsformen in unsere Urteile bringen. Dass es diese Entsprechung gibt, rechtfertigt Kant durch die Behauptung, dass die Einheit auf beiden Ebenen – auf der Ebene der Begriffe durch Urteile und auf der Ebene der Anschauungen durch Kategorien – durch *dieselbe* Funktion hergestellt und lediglich auf verschiedene Arten von Vorstellungen angewendet wird.

Um die Einheit zu verstehen, die durch Urteilsformen und Kategorien erfolgt, muss man sich mit dem Begriff der ‹Synthesis› bekannt machen. Kant betont mehrmals, dass die Einheit der Vorstellungen, zu der wir durch den Verstand gelangen, das Ergebnis einer synthetischen Aktivität ist. ‹Synthesis› begreift Kant als «die Handlung, verschiedene Vorstellungen zu einander hinzuzuthun und ihre Mannigfaltigkeit in einer Erkenntniß zu begreifen» (KrV A77/B103). Dank dieser Synthesis sind wir fähig, komplexe Vorstellungen zu haben, die aus einer Vielheit verschiedener Vorstellungen bestehen, aber trotzdem Teile eines einheitlichen Ganzen sind. In der Erzeugung einer solchen komplexen Form der Einheit besteht die besondere Leistung des Verstandes.

Der Begriff der Synthesis spielt auch im Rahmen der transzendentalen Deduktion der Kategorien eine zentrale Rolle. Deren Aufgabe besteht in dem Nachweis, dass die Kategorien objektive Gültigkeit besitzen, d.h., dass wir durch sie zu gültigen apriorischen Erkenntnissen von Gegenständen gelangen. Wir konzentrieren uns hier auf die Deduktion in der zweiten Auflage der *Kritik der reinen Vernunft*, die sogenannte ‹B Deduktion›. Kants Argument beruht hauptsächlich auf zwei Begriffen: dem Begriff der ‹Verbindung› und dem der ‹Apperzeption›. Am Anfang von § 15 schreibt Kant, dass wir durch die Sinnlichkeit eine Mannigfaltigkeit von Anschauungen erhalten. Es ist dabei eine offene Frage, ob wir dieser Mannigfaltigkeit bereits eine bestimmte Einheit zuschreiben können.[7] Sicher ist, dass wir mit der bloßen sinnlichen Präsentation dieser Vielheit noch keine komplexen einheitlichen Vorstellungen erhalten haben, sodass wir ein Mannigfaltiges als solches und als zu einem Ganzen gehörig erkennen können. Es bedarf zu diesem Zweck vielmehr einer Synthesisleistung des Verstandes. Dementsprechend beginnt Kant seine Argumentation in der B-Deduktion mit der Behauptung, dass «alle Verbindung [...], es mag eine Verbindung des Mannigfaltigen der Anschauung oder mancherlei Begriffe [...] sein, eine Verstandeshandlung [ist], die wir mit der allgemeinen Benennung *Synthesis* belegen würden, um dadurch zugleich bemerklich zu machen, daß wir uns nichts als im Object verbunden vorstellen können, ohne es vorher selbst verbunden zu haben» (KrV B130). Kurz gesagt: Um komplexe einheitliche Vorstellungen zu erlangen, müssen wir ein Mannigfaltiges von Vorstellungen eigens verbinden, was durch einen Akt der Synthesis erfolgt.

Den Begriff der ‹Apperzeption› führt Kant in § 16 ein. Er unterscheidet zwischen ihren verschiedenen Formen (der empirischen oder transzendentalen bzw. ursprünglichen Apperzeption) und den Arten der von ihr erbrachten Einheit (die analytisch oder synthetisch sein kann). Im Allgemeinen ist die Apperzeption als eine Art des Selbstbewusstseins zu verstehen: Es handelt sich um das Bewusstsein meiner selbst als des Subjekts, das bestimmte Vorstellungen (von Gegenständen, Zuständen, usw.) hat. Für unsere Zwecke ist vor allem der Begriff der ‹ursprünglichen› Apperzeption bzw. der ‹transzendentalen Einheit› des Selbstbewusstseins von Bedeutung. Darunter ist das Bewusstsein meiner selbst zu verstehen, zu dem ich notwendigerweise *alle* meine Vorstellungen verbinden kann. Alle meine Vorstellungen, insofern sie *meine* sind, können als meine erkannt werden und so unter die Einheit der Apperzeption gebracht werden. Das bedeutet, dass die Apperzeption ein Prinzip der Einheit ist, das für alle meine Vorstellungen notwendigerweise gilt. Außerdem bedeutet es, dass ich meine Vorstellungen nicht durch einen Akt der Synthesis verbinden kann, ohne sie zugleich als meine zu erkennen – und so unter die Einheit der Apperzeption zu bringen.

Das Argument der transzendentalen Deduktion in der B-Auflage ist sehr komplex und kann hier nicht detailliert rekonstruiert werden. Die zentralen Schritte lassen sich aber folgendermaßen zusammenfassen (KrV B143): Zu komplexen einheitlichen Vorstellungen zu gelangen, ist fundamental für unsere Erkenntnis von Gegenständen. Um solche Vorstellungen zu erhalten, brauchen wir eine Verbindung, die durch einen Akt der Synthesis erfolgt. Die ursprüngliche Apperzeption ist dabei ein Prinzip der Einheit der Vorstellungen, das zugleich für alle meine Vorstellungen gilt und alle Akte der Verbindung begleitet. Das heißt, dass alle meine Vorstellungen unter die Einheit der Apperzeption gebracht werden können und entsprechend ‹verbindbar› sind. Die Urteilsformen und die Kategorien – von denen wir bereits wissen, dass sie *identisch* sind – bilden lediglich die ‹Regeln›, die die Synthesis der Vorstellung leiten und bestimmen. Folglich gibt es keine komplexe einheitliche Vorstellung, auch keine komplexen einheitlichen Anschauungen, die nicht von den Kategorien bestimmt wären. Damit ist die objektive Gültigkeit der Kategorien bewiesen. Die Kategorien stellen notwendige Bedingungen von komplexen einheitlichen Vorstellungen dar, die wiederum notwendige Bedingungen der Erkenntnis von Gegenständen ausmachen. Kant nennt die Erkenntnisse ‹transzendental› (KrV A11 f./B25), die die Bedingungen betreffen, ohne welche wir keine Erfahrung von Gegenständen haben können.

Das berühmte Argument der transzendentalen Deduktion identifiziert zugleich auch deutliche Grenzen für den legitimen Gebrauch der Kategorien des Verstandes. Nach Kant können uns Gegenstände nur durch Anschauungen gegeben werden. Die Kategorien haben objektive Gültigkeit, da sie notwendig sind, um komplexe einheitliche Vorstellungen zu gewinnen. Einen Bezug auf Gegenstände erlangen diese einheitlichen Vorstellungen jedoch nur durch Anschauungen. Das hat zur Folge, *dass die objektive Gültigkeit der Kategorien auf Gegenstände beschränkt ist, die uns durch Anschauung gegeben werden.* Dies hebt Kant mit den folgenden Worten hervor: «Nun ist alle uns mögliche Anschauung sinnlich (Ästhetik), also kann das Denken eines Gegenstandes überhaupt durch einen reinen Verstandesbegriff bei uns nur Erkenntniß werden, so fern dieser auf

Gegenstände der Sinne bezogen wird» (KrV B146). Da wir durch Anschauungen die Gegenstände nur als Erscheinungen erkennen, ist die Gültigkeit der Kategorien auch auf den Bereich der Erscheinungen begrenzt. Die Kategorien sind deshalb auch Kants Lehre vom transzendentalen Idealismus unterworfen, nach der wir Gegenstände nicht so erkennen können, wie sie ‹an sich› sind. Die Kategorien gelten nur als Bedingungen der möglichen Erfahrung und können nicht zur Erkenntnis von Gegenständen führen, die außerhalb möglicher Erfahrung liegen.

Die Vernunft und die Ideen

Während die Kategorien im Mittelpunkt der transzendentalen Analytik stehen, ist die transzendentale Dialektik den ‹Ideen› gewidmet, d.h. den Vorstellungen a priori, für welche die Vernunft im engeren Sinne als das Vermögen der Schlussfolgerungen verantwortlich ist. Ideen sind nach Kant Vorstellungen des ‹Unbedingten›: Sie stellen Gegenstände vor, die vermeintlich existieren, ohne von der Gegebenheit anderer Gegenstände oder Zustände abhängig zu sein. Die Aufgabe der Dialektik ist es, zu rekonstruieren, wie wir zu diesen Vorstellungen gelangen, und zu bestimmen, ob sie als Erkenntnisse a priori gelten können. Kant argumentiert hier, dass wir durch die Ideen tatsächlich keinen Gegenstand erkennen. Das heißt aber nicht, dass sie keinen legitimen Gebrauch haben. Wir können sie legitimerweise auf ‹regulative› Weise verwenden, d.h. als Leitfaden für die Erforschung der Natur.

Als Vermögen zum Schlussfolgern verleiht die Vernunft unseren Erkenntnissen eine besondere Art von Einheit. Durch sie können wir die logischen Verhältnisse zwischen unseren Erkenntnissen erfassen. Auf ihrer Basis sind wir fähig, ein besonderes Urteil, z.B. ‹Sokrates ist sterblich›, als Fall eines allgemeineren Prinzips, z.B. ‹Alle Menschen sind sterblich›, zu erkennen, da wir die zwei Urteile durch die Einführung einer mittleren Prämisse, hier: ‹Sokrates ist ein Mensch›, in eine Verbindung der logischen Schlussfolgerung bringen können. Durch die Feststellung von solchen ‹inferentiellen› Verhältnissen können wir *viele* besondere Erkenntnisse als Fälle *eines* allgemeineren Prinzips ansehen. Z. B. sind wir in der Lage, die Urteile ‹Alle Menschen sind sterblich›, ‹Alle Fische sind sterblich›, und ‹Alle Vögel sind sterblich› als Fälle des allgemeineren Urteils ‹Alle Tiere sind sterblich› zu betrachten. Es ist leicht zu sehen, dass die Fähigkeit, diese Art von Verhältnissen zwischen Urteilen zu bestimmen, für unsere Erkenntnis sehr wichtig ist.

Diese Beschreibung der Tätigkeit der Vernunft erklärt aber nicht, weshalb sie eine Quelle von Vorstellungen a priori ist. Um zu verstehen, wie unsere Vernunft überhaupt auf Ideen kommt, muss klar werden, wie wir Kant zufolge durch Schlüsse ein Verhältnis zwischen einem ‹Bedingten› und einer ‹Bedingung› etablieren. Kant charakterisiert einen Schluss als dasjenige Urteil, das wir als Folge eines allgemeineren Urteils erkennen, da wir in einem Untersatz die Bedingung der Folge unter die Bedingung des Obersatzes bringen. Nach Kants Wortgebrauch sind ‹Menschen› und ‹Sokrates› in der Schlussfolgerung ‹Alle Menschen sind sterblich; Sokrates ist ein Mensch; Sokrates ist sterblich› die ‹Bedingungen›, unter denen jeweils im Obersatz und im Schlusssatz Sterblichkeit behauptet wird (KrV A321 f./B378, A330/B386 f.). In diesem Sinne ist der Schlusssatz dank der Rolle des Untersatzes vom Obersatz ‹bedingt›. Allgemeiner identifiziert Kant manchmal die Prämissen eines Schlusses mit ihren ‹Bedingungen› (KrV A331/B387).

Um die Hervorbringung von Ideen zu erklären, benötigen wir noch eine weitere Unterscheidung: den zwischen ‹Episyllogismen› und ‹Prosyllogismen›. Beide Begriffe beschreiben unterschiedliche Arten, in denen eine logisch zusammenhängende Reihe von ‹Syllogismen›, also eine Serie von Schlüssen, gebildet werden kann. Wenn wir versuchen, eine Reihe von Syllogismen auszubauen, können wir auf zwei verschiede Weisen fortschreiten: «entweder auf der Seite der Bedingungen (*per prosyllogismos*) oder des Bedingten (*per episyllogismos*)» (KrV A331/B387 f.). Entweder betrachten wir die Prämisse eines Schlusses als die Folge eines anderen Schlusses mit allgemeineren Prämissen; oder wir konzentrieren uns auf die Folge eines Schlusses und verstehen diese als Prämisse eines weiteren Schlusses, der eine spezifischere Folge ergibt. Im Schluss ‹Tiere sind sterblich; Menschen sind Tiere; Menschen sind sterblich› können wir die Reihe der Schlüsse fortsetzen, indem wir entweder per Prosyllogismus ‹Tiere sind sterblich› aus ‹Lebewesen sind sterblich› oder im Stile eines Episyllogismus ‹Sokrates ist sterblich› aus ‹Menschen sind sterblich› schließen.

Prosyllogismen sind besonders wichtig für Kant, da wir durch die Suche nach immer allgemeineren Prämissen die Einheit unserer Erkenntnisse durch die Bestimmung von Verhältnissen zwischen Schlussfolgerungen erhöhen können. Außerdem liegt es nach Kant in der Natur unserer Vernunft, in der Reihe von Prosyllogismen ‹aufzusteigen› und allgemeinere Prämissen zu suchen, die gegebene Erkenntnisse inferentiell bedingen. Das ist der Fall, weil die logische Abhängigkeit, die wir durch Prosyllogismen aufdecken, Erkenntnisse erklärt, die wir bereits haben. Wir erklären eine Erkenntnis, indem wir sie als Folge eines allgemeineren Prinzips betrachten.

Um nun die Entstehung von Ideen zu verstehen, ist folgende Eigenschaft der Vernunft wichtig: Sie ist nicht zufrieden, bevor sie eine *vollständige* Erklärung erreicht, die nur durch eine *vollendete* Reihe von Prosyllogismen gegeben werden kann. «Denn da im ersteren Falle das Erkenntniß (*conclusio*) nur als bedingt gegeben ist: so kann man zu demselben vermittelst der Vernunft nicht anders gelangen, als wenigstens unter der Voraussetzung, daß alle Glieder der Reihe auf der Seite der Bedingungen gegeben sind (Totalität in der Reihe der Prämissen)» (KrV A331/B388). Mit anderen Worten: Da die Vernunft nach einer vollständigen Erklärung strebt, nimmt sie an, dass es eine Totalität der Prämissen gibt, die sowohl eine zu erklärende Erkenntnis komplett bedingt als auch vorhanden und auffindbar ist. Die Totalität von Prämissen ist hier zu verstehen als eine Totalität von Bedingungen, die insgesamt *unbedingt* ist, weil es keine weitere Bedingung gibt, die außerhalb dieser Totalität läge. Um ihre Suche nach vollständigen Erklärungen zu unterstützen, geht die Vernunft von einer weiteren Annahme aus. Sie nimmt nicht nur an, dass es eine vollständige Reihe von Prämissen gibt, aus denen eine gegebene Erkenntnis geschlossen werden kann, sondern auch, dass es eine Totalität von Bedingungen gibt, die den *Gegenstand* der gegebenen Erkenntnis bedingen. Hier sind die ‹Bedingungen› nicht mehr *Prämissen*. Sie sind *Gegenstände* und ihre *Zustände*. Die Vernunft macht diese Annahme, da sie davon ausgeht, dass eine vollständige inferentielle Erklärung erst möglich ist, wenn es eine Totalität von Bedingungen auf der Seite der Gegenstände gibt, die diese Erklärung begründen kann. Die Annahme einer Totalität von Bedingungen in den Gegenständen markiert den Übergang von der ‹logischen Maxime› der Vernunft, welche eine Totalität von Prämissen verlangt, zum ‹Principium› der Vernunft, das mit Verhältnissen in den Gegenständen zu tun hat: «Diese logische Maxime kann aber nicht anders ein Principium der *reinen Vernunft* werden, als dadurch daß man annimmt: wenn das Bedingte gegeben ist, so sei auch die ganze Reihe einander untergeordneter Bedingungen, die mithin selbst unbedingt ist, gegeben (d.i. in dem Gegenstande und seiner Verknüpfung enthalten)» (KrV A307f./B364).

Jetzt können wir endlich erklären, was Ideen für Kant sind. Es sind Vorstellungen des Unbedingten, die sich ergeben, wenn wir an diese Totalitäten von Bedingungen auf der Seite der Gegenstände denken. Es handelt sich also um Vorstellungen von unbedingten Gegenständen, die eine Totalität von Bedingungen ermöglichen. So ist die Idee der Seele die Vorstellung eines Unbedingten, das unseren verschiedenen mentalen Zuständen zugrunde liegt. Ähnlich ist die Idee Gottes die Vorstellung eines Unbedingten, das die Möglichkeit des Ganzen der Realität begründet. Dagegen ist die Idee der Welt selbst die Vorstellung einer Totalität von Gegenständen oder Zuständen, die insgesamt einen unbedingten Gegenstand ausmacht.

Nach Kant können Ideen aber nicht als Erkenntnisse der Gegenstände gelten, die sie vorstellen. Wir wissen, dass wir sowohl Begriffe als auch Anschauungen brauchen, um gültige Erkenntnisse zu gewinnen. Ideen *sind* Begriffe. Sie sind aber Begriffe von Gegenständen, die *notwendigerweise* nicht angeschaut werden können. In Kants Worten: «Ich verstehe unter der Idee einen nothwendigen Vernunftbegriff, dem kein congruirender Gegenstand in den Sinnen gegeben werden kann» (KrV A327/

B383). Das heißt, dass wir niemals die Bedingungen erfüllen könnten, wodurch diese Vorstellungen Erkenntnisse würden. Wir stoßen hier auf unüberwindliche Grenzen der Vernunft, die auch Grenzen unserer möglichen metaphysischen Erkenntnis von Gegenständen sind. Demzufolge können Behauptungen über Gott, die Seele und die Welt keine gültigen Erkenntnisse innerhalb der Metaphysik darstellen.

Auch wenn Ideen selbst nicht als Erkenntnisse von Gegenständen betrachtet werden können, heißt das nicht, dass sie keinen Nutzen für unsere Erkenntnis haben. Im Gegenteil sind Ideen, wenn sie ‹regulativ› gebraucht werden, wichtige Instrumente für die Erweiterung und Verbesserung unserer Erkenntnisse. Im Anhang zur transzendentalen Dialektik wird dieser regulative Gebrauch der Ideen dem ‹konstitutiven› Gebrauch entgegengesetzt. Die Ideen konstitutiv zu verwenden besagt, sie als gültige Erkenntnisse zu betrachten. ‹Regulativ› wird eine Idee gebraucht, wenn wie sie nur als Leitfaden der Erforschung der Natur betrachten. Wir erforschen die Natur unserer selbst oder der äußeren Welt ‹als ob› es Gott, die Seele oder die Welt gäbe. Kant glaubt, dass diese regulativen Ideen eine positive und unersetzbare Funktion für unsere Erkenntnisse besitzen. Die Annahme, dass es unbedingte Gegenstände gibt, die die Möglichkeit von vollständigen Erklärungen begründen, ist ein Mittel, unsere Erklärungen so weit wie möglich zu treiben, auch wenn wir tatsächlich nie eine vollständige Erklärung erreichen werden. In diesem Sinne bleiben die Ideen für Kant ein «*focus imaginarius*» (KrV A644/B672). Außerdem erhöht die Suche nach immer weiteren Bedingungen die systematische Ordnung unseres Wissen, da verschiedene Erkenntnisse als Spezialfälle eines allgemeineren Prinzips erkannt werden können. Z. B. kann die regulative Annahme einer substantiellen Seele unsere Versuche unterstützen, eine systematische Einheit zwischen unseren verschiedenen psychologischen Kräften zu entwickeln, indem wir Grundkräfte identifizieren, die fundamentaler als diejenigen Kräfte sind, die wir am Anfang unserer Untersuchung angenommen hatten (KrV A682–684/B710–712).

Der transzendentale Schein und die Ablehnung der dogmatischen Metaphysik

Wir haben gesehen, dass wir über Ideen verfügen, weil sie die Suche nach vollständigen Erklärungen unterstützen, die unsere Vernunft verlangt. Es ist wichtig zu betonen, dass die Annahme, solche vollständigen Erklärungen seien möglich, für unsere Vernunft nicht optional ist. Wir können gar nicht vermeiden, von einer solchen Möglichkeit auszugehen. Es liegt vielmehr in der Natur unserer Vernunft, diese Annahme zu akzeptieren. Deshalb *scheint* ihr auch offensichtlich, dass die unbedingten Gegenstände, die diese vollständigen Erklärungen ermöglichen, notwendigerweise gegeben sein müssen. Nach Kant erklärt diese Charakterisierung unserer Vernunft und ihrer Annahmen, warum Philosophen in der Geschichte der Metaphysik gedacht haben, zu gültigen Erkenntnissen über Gott, die Seele und die Welt zu gelangen und entsprechende metaphysische Wissenschaften – eine rationale Psychologie, eine rationale Kosmologie und eine rationale Theologie – begründen zu können.

Kant prägt den Begriff des «transzendentalen Scheins» (KrV A295 f./B352 f.), um die notwendige Täuschung genau zu identifizieren, der zufolge es diese unbedingten Gegenstände geben muss. Hier haben wir es mit einem ‹Schein› zu tun, da wir denken, echte Erkenntnisse gewinnen zu können, obwohl das nicht der Fall ist. Der Schein ist ‹transzendental›, weil er notwendig ist und auf der Natur unserer Vernunft beruht. In Kants Worten: «Die Ursache hievon ist diese: daß in unserer Vernunft (subjectiv als ein menschliches Erkenntnißvermögen betrachtet) Grundregeln und Maximen ihres Gebrauchs liegen, welche gänzlich das Ansehen objectiver Grundsätze haben, und wodurch es geschieht, daß die subjective Nothwendigkeit einer gewissen Verknüpfung unserer Begriffe zu Gunsten des Verstandes für eine objective Nothwendigkeit der Bestimmung der Dinge an sich selbst gehalten wird» (KrV A297/B353). Die von Kant angeführten Grundregeln und Maximen drängen uns dazu, nach vollständigen Erklärungen und dem Unbedingten zu streben. Wir haben gesehen, dass sie einen positiven Nutzen besitzen, sofern sie ‹regulativ› betrachtet werden, d.h., wenn wir sie nur als subjektive Maxime für die Erweiterung und Verbesserung unserer Erkenntnis gebrauchen. Wenn sie hingegen als ‹objektiv gültig› genommen werden, führen sie uns nur zu ungerechtfertigten Behauptungen. Die *Kritik der reinen Vernunft* kommt daher zu dem Ergebnis, dass diese Grundregeln und Maximen nie ‹objektiv› benutzt werden können. Sie kann aber den ‹Schein›, dass sie gültig sind, nicht beseitigen. Wir haben es hier mit einer Illusion zu tun, «die gar nicht zu vermeiden ist, so wenig als wir es vermeiden können, daß uns das Meer in der Mitte nicht höher scheine, wie an dem Ufer» (KrV A297/B353 f.). Auch wenn wir den Schein nicht vermeiden können, lassen wir uns aber von ihm dank der Kritik nicht länger betrügen (vgl. Grier 2001, die zu erklären versucht, warum der Hang zur Illusion nach Kant auch dann bleibt, wenn wir die Täuschung vermeiden).

Nach Kant liefert der Begriff des transzendentalen Scheins eine Diagnose, warum Philosophen in der Geschichte der Metaphysik dogmatische und ungerechtfertigte Behauptungen über unbedingte Gegenstände aufgestellt haben. Es gibt ‹Prinzipien› der Vernunft, die objektiv gültig scheinen, d.h., es sieht so aus, als ob sie uns zu gültigen Erkenntnissen über unbedingte Gegenstände führen würden. Ein solches Prinzip ist hauptsächlich dasjenige, das eine Totalität von Bedingungen für etwas verlangt, das wir als bedingt erkannt haben (KrV A307 f./B364). Wenn wir dieses Prinzip als objektiv gültig annehmen und in der Folge zu ungerechtfertigten Behauptungen über das Unbedingte gelangen, machen wir nach Kant einen illegitimen Gebrauch von den Kategorien. Das ist der Fall weil wir dann Kategorien anwenden, um etwas über diese unbedingten Gegenstände zu behaupten. Kant schreibt, dass die Ideen, «eigentlich nichts [sind], als bis zum Unbedingten erweiterte Kategorien» (KrV A409/B436). Da wir die Kategorien aber nur innerhalb der Grenzen unserer möglichen Erfahrung – anders gesagt: in Verbindung mit Gegenständen, die *angeschaut* werden können – legitimerweise als Basis für Erkenntnisansprüche betrachten können, ist diese Anwendung der Kategorien ungerechtfertigt.

Aufgrund dieser Diagnose kritisiert Kant im zweiten Buch der transzendentalen Dialektik die illegitimen Behauptungen der ‹rationalen Psychologie›, der ‹rationalen Kosmologie› und der ‹rationalen Theologie›. Diese werden jeweils in den Kapiteln über die ‹Paralogismen›, die ‹Antinomien› und das ‹Ideal› der reinen Vernunft betrachtet. Das Kapitel über die ‹Paralogismen› analysiert zum Beispiel die Fehlschlüsse, die uns zu ungerechtfertigten Behauptungen über die Seele führen. Kant zufolge beruhen diese Schlüsse auf einer ungültigen Anwendung der Kategorie der Substanz. Im Zentrum dieser ungültigen Anwendung steht ein *sophisma figurae dictionis*, d.h. ein Fehlschluss, der auf dem Gebrauch des gleichen Wortes in zwei verschiedenen Bedeutungen in den Prämissen eines Schlusses beruht und dementsprechend ungültig ist. Das *Sophisma* der Seele lautet folgendermaßen: «*Was nicht anders als Subject gedacht werden kann, existirt auch nicht anders als Subject und ist also Substanz. Nun kann ein denkendes Wesen, bloß als ein solches betrachtet, nicht anders als Subject gedacht werden. Also existirt es auch nur als ein solches, d.i. als Substanz*» (KrV B410f.).

In diesem Schluss wird klar, dass wir durch Anwendung der Kategorie der Substanz zur Idee der Seele gelangen. Wir verstehen die Fähigkeit, uns selbst als Subjekte des Denkens zu identifizieren – was wir oben ‹Apperzeption› genannt haben –, als etwas, das in einer substantiellen Seele begründet ist. Der Schluss ist aber ungültig, weil wir die Kategorie der Substanz bloß in Verbindung mit Gegenständen benutzen dürfen, die uns in der Anschauung gegeben werden können. Das Subjekt des Denkens in der zweiten Prämisse wird «*bloß als ein solches*» genommen, «nicht aber zugleich in Beziehung auf die Anschauung» (KrV B411) betrachtet. Die Apperzeption ist daher nur ein logisches Prinzip der Einheit unserer Vorstellungen und nie der Inhalt einer Anschauung. Die erste Prämisse hingegen benutzt den Begriff des Subjekts in einer unbestimmten Weise – als etwas, das *auch* in der Anschauung gegeben werden kann (KrV B411–413). Nur dann wären aber die Bedingungen für einen legitimen Gebrauch des Begriffes erfüllt. Deshalb ist der Schluss ein *sophisma figurae dictionis* und der Schlusssatz ungültig.

Nach Kant liegt ein *sophisma figurae dictionis* auch den Fehlschlüssen der rationalen Kosmologie zugrunde, die in vier ‹Antinomien› münden. Es hat folgende Prämisse: «Wenn das Bedingte gegeben ist, so ist auch die ganze Reihe aller Bedingungen desselben gegeben; nun sind uns Gegenstände der Sinne als bedingt gegeben» (KrV A497/B525). Es sieht so aus, als ob wir aus diesen Prämissen schließen könnten, dass es eine vollständige Reihe von Bedingungen geben müsse. Die Annahme, dass dies so ist, liegt den Gegensätzen zugrunde, die in den vier Antinomien der rationalen Kosmologie zu finden sind. Die Argumente in den Thesen ebenso wie in den Antithesen dieser Antinomien nehmen jeweils an, dass es eine vollständige Reihe von Bedingungen für ein gegebenes Bedingtes geben müsse. These und Antithese unterscheiden sich, weil erstere die Totalität als endlich und letztere als unendlich behauptet. Nach Kant ist aber ihre gemeinsame Annahme nicht gerechtfertigt. Wir können nicht annehmen, dass eine Totalität von Bedingungen gegeben ist, wenn das Bedingte, das uns gegeben ist, den Status einer ‹Erscheinung› hat. Die erste Prämisse wäre nur für ‹Dinge an sich› wahr, die für uns aber nicht erkennbar sind. Dagegen ist das gegebene Bedingte der zweiten Prämisse ein Gegenstand der Sinne, auf die das ‹Principium› der Vernunft nicht anwendbar ist. Das Argument ist also ein *sophisma figurae dictionis* und deshalb ungültig (KrV A499–502/B527–530).

Wir haben gesehen, dass die Suche nach dem Unbedingten dazu tendiert, einen illegitimen Gebrauch der Kategorien herbeizuführen. Das Gleiche geschieht auch in den Antinomien. Nehmen wir die dritte Antinomie als Beispiel. Hier behauptet die These, dass es eine «Kausalität durch Freiheit» geben müsse, d. h. eine kausal wirksame freie Ursache, die nicht von vorhergehenden Zuständen bestimmt ist (KrV A444/B472). Hingegen behauptet die Antithese, dass «alles in der Welt lediglich nach Gesetzen der Natur [geschieht]» (KrV A445/B473) und eine freie Kausalität somit ausgeschlossen sei. In der Auflösung dieser Antinomie argumentiert Kant, dass sowohl die These als auch die Antithese wahr sein können, weil ein Gegenstand von zwei verschiedenen Standpunkten aus betrachtet werden kann.

So sind wir ‹frei›, wenn wir uns als ‹Dinge an sich› betrachten, und zugleich ‹unter den Gesetzen der Natur›, wenn wir uns als ‹Erscheinungen› ansehen (KrV A538–541/B566–570). Es wäre aber falsch zu denken, dass wir auf legitime Weise zur Behauptung entweder der These oder der Antithese gelangen können, weil eine Totalität von Ursachen für eine gegebene Wirkung ebenfalls als gegeben vorausgesetzt werden darf. Das wäre eine ungerechtfertigte Anwendung der Kategorie der Kausalität durch das ‹Principium› der Vernunft.

Im Gegensatz zum Paralogismus- und Antinomien-Kapitel führt Kant die Fehlschlüsse der rationalen Theologie nicht explizit auf ein *Sophisma figurae dictionis* zurück. Diese Fehlschüsse werden im Kapitel über das ‹Ideal› der reinen Vernunft betrachtet, das nach Kant eine Idee «*in individuo*» (KrV A568/B596) ist, d.h. eine Vorstellung eines einzelnen Gegenstandes, der eine Idee verwirklicht. Das Ideal, das im Mittelpunkt der rationalen Theologie steht, ist das Ideal von Gott. Man argumentiert, dass ein Gott existieren muss, weil er die Möglichkeit der durchgängigen Bestimmung der Realität begründet. Der Grundsatz der durchgängigen Bestimmung aller Dinge verlangt für jedem Gegenstand «nicht allein, daß von jedem Paare einander entgegengesetzter *gegebenen*, sondern auch von allen *möglichen* Prädicaten ihm immer eines zukomme» (KrV A573/B601). Wir kommen zur Idee Gottes, da wir zuerst annehmen, dass es ein «All der Realität (*omnitudo realitatis*)» (KrV A575 f./B603 f.), nämlich den Inbegriff aller möglichen positiven Prädikate, geben muss. Nur in Bezug auf das ‹All der Realität› können Gegenstände durchgängig bestimmt werden. Zweitens muss dieses ‹All der Realität› wiederum in einem einzelnen Wesen begründet sein, das selbst alle positiven Prädikate besitzt. Das ist der Begriff eines *ens realissimum*, d.h. «eines einzelnen Wesens, weil von allen möglichen entgegengesetzten Prädicaten eines, nämlich das, was zum Sein schlechthin gehört, in seiner Bestimmung angetroffen wird» (KrV A576/B604). Ohne die Annahme eines *ens realissimum* hätte die Idee eines «All[s] der Realität» keine Wirklichkeit.

Das ‹Aufsteigen› zur Idee eines *ens realissimum* ist ein spezifischer Fall der Suche der Vernunft nach dem Unbedingten. Wie in anderen Fällen ist hier die Annahme illegitim, dass ein Unbedingtes gegeben werden muss. Wir haben mehrmals betont, dass die Gegenstände unserer Erkenntnis Erscheinungen sind. Es ist nicht klar, ob Kant denkt, dass Erscheinungen als durchgängig bestimmt betrachtet werden sollen.[8] Auch wenn wir davon ausgehen, dass das der Fall ist, hängt nach Kant diese durchgängige Bestimmung nicht vom Begriff des «All[s] der Realität» ab. Erscheinungen können durchgängig bestimmt werden, wenn sie «mit allen Prädicaten der Erscheinung» (KrV A581/B609) verglichen werden, nicht mit allen möglichen Prädikaten insgesamt. Die Begründung der Möglichkeit dieser durchgängigen Bestimmung erfordert den Begriff des «Inbegriff[s] aller empirischen Realität» (KrV A582/B610). Dieser Begriff bedeutet aber etwas ganz anderes als der Begriff des «All[s] der Realität», der uns zum Ideal des *ens realissimum* führt.[9] Demgemäß ist der Schluss illegitim, der uns in der rationalen Theologie zur Behauptung der notwendigen Existenz Gottes bringt. Außerdem ist dieser Schluss mit einer Verwechslung der Weise verbunden, wie wir an die Möglichkeit der Erscheinungen denken.

Die Gesetzgebung des Verstandes

In der Einleitung haben wir Kants kritisches Projekt als eine Analyse der Art und Weise charakterisiert, ob und wie unsere Erkenntnisvermögen gesetzgebend sind, sofern sie über Begriffe und Prinzipien a priori verfügen. In der *Kritik der Urteilskraft* beschreibt Kant selbst sein kritisches Unternehmen so, dass die erste *Kritik* der Gesetzgebung des Verstandes gewidmet war, während die zweite *Kritik* ihren Fokus auf die Gesetzgebung der Vernunft gerichtet hat (KU 5:168). Diese Beschreibung ist aber verwirrend. Schließlich haben wir gesehen, dass für Kant auch unsere Sinnlichkeit Vorstellungen a priori erhält, nämlich die Vorstellungen von Raum und Zeit. Außerdem wäre es falsch, würde man behaupten, dass die Ideen, also die apriorischen Vorstellungen unserer Vernunft, keinen positiven Beitrag zu unserer Erkenntnis von Gegenständen liefern. Wie kann man also Kants Einschränkung des Interesses der ersten *Kritik* auf die Gesetzgebung des Verstandes erklären?

Dass Kant nicht von einer ‹Gesetzgebung› der Sinnlichkeit spricht, hängt mit der Charakterisierung der sinnlichen Vermögen als ‹rezeptiv› zusammen. Er benutzt den Begriff der Gesetzgebung, um die Aktivität unserer ‹oberen Erkenntnisvermögen› zu bestimmen, die durch Spontaneität gekennzeichnet sind. Man könnte versuchen, den Ausschluss der Vernunft aus den Erkenntnisvermögen, deren Gesetzgebung in der ersten *Kritik* analysiert wird, damit zu erklären, dass der legitime Gebrauch der Ideen für unsere Erkenntnis bloß ‹regulativ› ist. Demgemäß würde Kant nur von einer Gesetzgebung des Verstandes sprechen, weil es lediglich die Kategorien des Verstandes sind, die uns zu objektiv gültigen Erkenntnissen a priori führen. Jedoch schreibt Kant in der dritten *Kritik* der Urteilskraft eine eigene Gesetzgebung zu (KU 5:179), auch wenn das apriorische Prinzip dieses Vermögens ebenfalls einen regulativen Charakter hat. Auf den ersten Blick scheitert deshalb diese Erklärung.

Allerdings muss man anmerken, dass sich Kants kritisches Projekt mit den drei *Kritiken* und danach kontinuierlich weiterentwickelte. Dass Kants spätere Beschreibung der ersten *Kritik* nicht genau zum Inhalt dieses Werks passt, könnte auf die neue Rolle zurückgeführt werden, die Kant der Kritik der reinen Vernunft mit Blick auf ihre Ziele und ihre Einteilung im Nachhinein zuschreibt (vgl. für die Weiterentwicklung von Kants kritischem Projekt u.a. Förster 2018, Teil 1.).

4. Die Gesetzgebung der praktischen Vernunft: Die kritische Moralphilosophie

Bereits in den vorkritischen Schriften kommt Kant auf das moralische Handeln zu sprechen. Während er sich in den Schriften dieser Periode von der britischen empiristischen Moralphilosophie beeinflusst zeigt, spricht er sich später strikt gegen empiristische Annahmen und für eine ausschließlich vernunftgeprägte Ethik aus. In seinen beiden Werken, die sich mit den Grundlagen der Moral beschäftigen, der *Grundlegung zur Metaphysik der Sitten* (1785) und der *Kritik der praktischen Vernunft* (1788), stellt er die Behauptungen auf, dass die Grundlage der Moral in der Vernunft liegt und die wissenschaftliche Ethik allein aus Vernunft gewonnen werden kann. Während im Folgenden zunächst die *Grundlegung* Thema ist, wird es anschließend darum gehen, inwieweit die *Kritik der praktischen Vernunft* gegenüber der *Grundlegung* eine inhaltliche Wende darstellt.

Reine Moralphilosophie

Schon in der Vorrede der *Grundlegung* macht Kant deutlich, worin sein Neuansatz in der Moralphilosophie besteht. Zunächst stellt er eine der antiken Stoa entlehnte Unterteilung vor, nach der die Philosophie aus Logik, Physik und Ethik besteht. Die Logik hat es mit den «Regeln des Denkens überhaupt, ohne Unterschied der Objekte» (GMS 4:387) zu tun, während sich Physik und Ethik mit bestimmten Gegenständen und ihren Gesetzen beschäftigen. Im Kontrast zur Physik, welche die Gesetze erforscht, «nach denen alles geschieht», sucht die Ethik nach den Gesetzen, «nach denen alles geschehen soll», auch wenn es nach diesen «öfters nicht geschieht» (GMS 4:387). Dennoch ist die Disziplin der Ethik genauso wie die philosophische Disziplin der Physik darauf ausgerichtet, die dem Sachbereich zugrundeliegenden Gesetze zu ermitteln.

Mit dieser Unterteilung wird aber nicht nur der Gegenstandsbereich der Ethik bestimmt. Den in der Ethik behandelten ‹Gesetzen der Freiheit› und den in der Physik behandelten ‹Gesetzen der Natur› ist gemeinsam, dass ihnen, wie Kant hervorhebt, als Gesetzen absolute Notwendigkeit und strikte Allgemeinheit zukommt. Diese Einsicht erweist sich nach Kant als entscheidend: Da Gesetze notwendig sind, lassen sie sich nicht aus den zufälligen Bedingungen der Erfahrung, sondern nur aus der Vernunft unabhängig von Erfahrung erschließen. Insbesondere der am Publikumsgeschmack orientierten Popularphilosophie wirft Kant dagegen vor, in ihren ethischen Untersuchungen das Rationale mit dem Empirischen zu vermischen. Diesen Fehler begehen alle Theorien, die den Begriff der Moral aus der Anthropologie und damit aus einer auf Erfahrung gestützten Lehre davon, was der Mensch ist, zu gewinnen versuchen. Dementgegen setzt sich Kant eine von ihm auch als «Metaphysik der Sitten» (GMS 4:388) bezeichnete «reine Moralphilosophie» (GMS 4:389) zum Ziel, die allein mithilfe der Vernunft das der Ethik zugrundeliegende oberste moralische Gesetz identifizieren soll, aus dem sich konkrete Handlungspflichten herleiten lassen.[10] Ausschließlich auf dieser Basis lässt sich, wie Kant hervorhebt, das moralische Gesetz, dessen Befolgung unbedingt geboten ist, von anderen praktischen Regeln unterscheiden, die lediglich empfohlen werden können. Entsprechend besteht das Ziel der *Grundlegung* darin, zu einer Vernunfterkenntnis des moralischen Gesetzes zu gelangen, das einen allen anderen Erwägungen übergeordneten Maßstab für die Wahl von Handlungen gibt.

Die Suche nach dem Inhalt des Moralprinzips verfolgt Kant nicht primär aus theoretischem Interesse. Ihm zufolge ist es «auch von der größten praktischen Wichtigkeit» (GMS 4:411), das Moralgesetz durch Vernunft zu bestimmen. Wird dies unterlassen, so bleiben «die Sitten selber allerlei Verderbnis unterworfen» (GMS 4:390). Ohne Erfassung des Moralgesetzes anhand der Vernunft bleibt der dringend nötige moralische Fortschritt aus, weil das menschliche Handeln unter dieser Voraussetzung «nur sehr zufällig» (GMS 4:390) der Moral gemäß ist. Zwar steht das moralische Gesetz «der gemeinen Menschenvernunft [...] jederzeit wirklich vor Augen» (GMS 4:403) und wird von ihr zumindest undeutlich als Maßstab für moralisches Handeln gebraucht. In seiner unbestimmten Gestalt kann es aber fehlerhaft angewendet oder von anderen Einflüssen verdrängt werden. Von der genauen Kenntnis des Moralprinzips verspricht sich Kant dagegen, dass sie diesem «Eingang und Dauerhaftigkeit» (GMS 4:405) im menschlichen Bewusstsein verschafft. Sicherheit in der moralischen Beurteilung erreicht die gemeine Menschenvernunft, «wenn man, ohne sie im mindesten etwas Neues zu lehren, sie [...] auf ihr eigenes Princip aufmerksam macht» (GMS 4:404). Nach der Auffassung Kants gewinnen wir nur dann eine zuverlässige moralischen Orientierung, wenn das oberste Prinzip moralischer Bewertung durch Vernunfterkenntnis in deutlicher Gestalt zutage tritt.

Auch wenn über das Ziel in der Entwicklung einer reinen Moralphilosophie Klarheit besteht, so erscheint der Aufbau der *Grundlegung* auf den ersten Blick unübersichtlich. Im Einzelnen wendet sich Kant im ersten Abschnitt der Vorstellung der Pflicht zu, die ihm zufolge unser Alltagsverständnis prägt und auf die Vernunft zurückgeht. Im zweiten Abschnitt geht Kant vor allem der Frage nach, worin der Inhalt des moralischen Gesetzes im Näheren besteht. Es erweist sich dabei als wichtig, dass das moralische Gesetz für alle vernünftigen Wesen gelten muss, da wir durch die Vernunft Zugang zu ihm haben. Nach Kant lässt sich das Moralprinzip anhand der Vorstellung von rein vernünftigen Wesen erschließen, da diese in ihrem Handeln von nichts anderem als der Vernunft bestimmt sind. Den Rückgriff auf rein vernünftige Wesen kann man dabei zunächst als ein Darstellungsmittel betrachten – ob es rein vernünftige Wesen wie Gott tatsächlich gibt, ist für die Argumentation nicht entscheidend. Mit dem dritten und letzten Abschnitt möchte Kant erklären, wieso das für rein vernünftige Wesen gültige Gesetz auch uns Menschen betrifft, die neben der vernünftigen auch eine sinnliche Seite haben – in anderen Worten: warum es für uns als Menschen verbindlich ist.

Aus dem Überblick erklärt sich auch, weshalb die *Grundlegung* laut Kant «nichts mehr [ist], als die Aufsuchung und Festsetzung des obersten Princips der Moralität» (GMS 4:392). Während in den ersten beiden Abschnitten der Inhalt des Moralprinzips aufgedeckt werden soll, verfolgt der dritte Abschnitt die Aufgabe, die Gültigkeit des Moralprinzips nicht nur für reine Vernunftwesen, sondern auch für uns als Menschen aufzuzeigen: Mit der «Festsetzung» wird die Auffassung gerechtfertigt, dass das moralische Gesetz eine unabweisbare Autorität für das menschliche Handeln besitzt. – Spätestens mit der *Grundlegung* treten Kants Überlegungen zur Moralphilosophie in die kritische Phase ein. Der Zusammenhang mit dem von Kant zuvor in der theoretischen Philosophie ausgeführten kritischen Projekt besteht darin, dass auch die normativen Strukturen, denen unser Handeln zwingend unterworfen ist, zumindest in Teilen aus einer Untersuchung des Vernunftvermögens – hier: der praktischen Vernunft – erschlossen werden.

Der gute Wille

Zu Beginn des ersten Abschnitts äußert Kant den vielzitierten Satz: «Es ist überall nichts in der Welt, ja überhaupt auch außer derselben zu denken möglich, was ohne Einschränkung für gut könnte gehalten werden, als allein ein guter Wille» (GMS 4:393). Wie er in den nachfolgenden Sätzen klarmacht, bezieht sich Kant damit nicht auf eine abstrakte Denkmöglichkeit, sondern auf die unter Menschen verbreiteten Wertauffassungen. Nach seiner Argumentation können etwa Naturgaben in der Gestalt von geistigen Talenten oder positiven Temperamentseigenschaften nicht uneingeschränkt als gut betrachtet werden, da sie auch für böse Ziele eingesetzt werden können. Aber auch Glücksgaben wie Macht, Reichtum, Ehre, Gesundheit, Wohlbefinden und Zufriedenheit können nicht uneingeschränkt gut sein, da eine Person, die im Besitz von Glücksgaben ist, aber nicht über guten Willen verfügt, bei unvoreingenommener Prüfung nicht positiv wertgeschätzt werden kann.

Entgegen dem ersten Anschein bringt Kant damit jedoch

nicht die Überzeugung zum Ausdruck, dass die angeführten Natur- und Glücksgaben nicht als Güter betrachtet werden können. Ihm zufolge handelt es sich bei ihnen um relative Güter, deren Gutsein davon abhängt, dass der gute Wille hinzutritt. Kant hebt damit hervor, dass die moralische Bewertung einen entscheidenden Einfluss auf unsere Wertüberzeugungen hat, sodass wir zum Beispiel das Glück einer Person nur dann als etwas Gutes ansehen können, wenn die Person zugleich einen guten Willen besitzt. Der gute Wille nimmt eine besondere Stellung innerhalb unserer Wertüberzeugungen ein, weil er eine einschränkende Bedingung für alle anderen Güter darstellt, ohne selbst einer weiteren Einschränkung unterworfen zu sein. Dass der gute Wille uneingeschränkt gut ist, bedeutet allerdings nicht, dass ihn Kant an der Spitze der Güterhierarchie platziert. Unter dem höchsten Gut versteht Kant stattdessen die – in unserer Erfahrungswelt jedoch zutiefst unwahrscheinliche – Verbindung von gutem Willen und Glückseligkeit in der Weise, dass einer Person das ihrem gutem Willen entsprechende Maß an Glückseligkeit zuteil wird.

In der Auseinandersetzung mit dem guten Willen kommt jedoch noch ein weiterer Aspekt zum Vorschein, der für Kants Ethik sehr wichtig ist. Zum Ausdruck kommt der gute Wille in der Absicht einer Person unabhängig davon, ob die Handlung erfolgreich ist und das beabsichtigte Ziel erreicht. Mit Blick auf unser geteiltes Wertverständnis schreibt Kant, dass der gute Wille sogar dann «wie ein Juwel in sich selbst glänzen [würde], als etwas, das seinen vollen Werth in sich selbst hat» (GMS 4:394), wenn die Fähigkeit ihn umzusetzen gänzlich fehlt. Vorausgesetzt ist allerdings, dass wir unter «Aufbietung aller Mittel, so weit sie in unserer Gewalt sind» (GMS 4:394), dem Willen nachzukommen versuchen. Mit seinen Aussagen über den guten Willen weist Kant auch darauf hin, worin der Gegenstand moralischer Bewertung liegt. Ihm zufolge bewerten wir die moralische Qualität einer Handlung nicht anhand der von ihr bewirkten Folgen, sondern allein anhand des Willens, aus dem die Handlung ausgeführt wird.

Pflicht und Neigung

Fortgesetzt wird die Erörterung des moralischen Alltagsverständnisses jedoch nicht direkt mit dem Begriff des guten Willens, sondern mit dem Begriff der Pflicht. Kennzeichnend für diesen ist, dass er «den eines guten Willens, obzwar unter gewissen subjectiven Einschränkungen und Hindernissen, enthält» (GMS 4:397). Zwar können wir uns Wesen vorstellen, die einen guten Willen und keine ihm entgegenwirkende Sinnlichkeit besitzen. Wir Menschen verfügen jedoch auch über sinnliche Neigungen, die sich dem guten Willen als ein Hindernis entgegenstellen können. Die sinnliche Seite des Menschen ist also dafür verantwortlich, dass er nicht von selbst dem guten Willen folgt, sondern dieser ihm als Pflicht gegenübertritt. Kants Vorgehen ist dabei an der Frage orientiert, welche Art von pflichtmäßigem Handeln im Alltagsverständnis als moralisch wertvoll aufgefasst wird, wobei er einem Handeln aus dem Bewusstsein der Pflicht ein der Pflicht gemäßes Handeln gegenüberstellt, das aus Neigung erfolgt. Unterschieden werden damit die Gründe, aus denen eine Person in Übereinstimmung mit der Pflicht handelt. Nach der These, die Kant durch mehrere Beispiele zu untermauern versucht (GMS 4:397–399), handeln wir nur dann aus dem richtigen Grund, wenn wir uns aus dem Bewusstsein der Pflicht und nicht aufgrund von Neigung für eine Handlung entscheiden.

In der Reihe der Beispiele bildet der Kaufmann, der seine Kunden aus Klugheit ehrlich behandelt, einen unkontroversen Fall. Da sich Ehrlichkeit für ihn als gewinnbringend erweist, kommt er durch eine Klugheitsüberlegung vermittelt lediglich aus Selbstinteresse dem Prinzip der Ehrlichkeit nach. «Weit schwerer […] zu bemerken» (GMS 4:397) ist der Unterschied im moralischen Wert nach Kant aber, wenn man eine Handlung aus Pflicht mit einer pflichtmäßigen Handlung aus unmittelbarer Neigung vergleicht. Kant dürfte hier weniger an sein zweites Beispiel denken, nach dem der Erfüllung der Pflicht, sein eigenes Leben zu erhalten, kein moralischer Wert zukommt, wenn es auf der Neigung zur Fortsetzung des eigenen Lebens beruht. Für schwieriger scheint Kant jedoch die Beurteilung des moralischen Werts im Fall des gleichfalls aus unmittelbarer Neigung, aber aus Altruismus handelnden Wohltäters zu halten. Hier behauptet Kant, dass der Menschenfreund ohne moralischen Wert handelt, weil ihm seine Menschenfreundlichkeit unter ungünstigen Umständen auch verloren gehen kann. Demgegenüber spricht Kant dem Handeln zugunsten anderer auf Seiten des Menschenfeindes einen authentischen moralischen Wert zu, da dieser seine Neigungen überwinden muss und allein aus dem Bewusstsein der Pflicht handelt.

Kants Behauptung, dass nur ein Handeln aus Pflicht, aber kein Handeln aus Neigung moralischen Wert besitzt, hat erhebliche Kritik auf sich gezogen. Verschiedene Autoren – darunter bereits Schiller – erwidern, dass ein tugendhaftes Handeln gerade dadurch ausgezeichnet ist, dass man der Pflicht schon aufgrund der Neigung nachkommt und nicht erst in eine Überlegung eintreten muss.[11] Diese Auffassung liegt auch nicht fern, schließlich ist es vielleicht sogar wünschenswert, aus Anteilnahme und nicht aufgrund eines Pflichtgedankens gerettet zu werden, wenn man in Not geraten ist. Im Hintergrund solcher Einwürfe steht der Verdacht, dass Kant der Rolle moralischer Emotionen mit seiner Dichotomie eines Handelns entweder aus Pflicht oder aus Neigung nicht ausreichend Rechnung trägt. Aber auch wenn Kants Unterscheidung eines pflichtmäßigen Handelns aus Pflicht und eines pflichtmäßigen Handelns aus Neigung immer wieder kritisch diskutiert wurde, so tritt ihr Sinn deutlich hervor. Während eine Person, die aus dem Bewusstsein der Pflicht handelt, moralisch zuverlässig ist, kommt eine Person, die aus Neigung handelt, nur auf unzuverlässige Weise ihrer Pflicht nach, weil sie unter anderen Handlungsumständen oder bei veränderten Neigungen auch gegen die Pflicht verstoßen wird (Hermann 1993). Verfällt der Menschenfreund aufgrund von Schicksalsschlägen einer Depression, so verliert er womöglich die Motivation, anderen zu helfen. Ebenso würde den Kaufmann die Maxime des Eigennutzes dazu führen, das Prinzip der Ehrlichkeit zu ignorieren, würde er seinen Kunden nicht wieder begegnen. Handelt eine Person dagegen aus Pflicht, so kommt sie der Pflicht verlässlich und unabhängig von zufälligen Umständen und veränderlichen Dispositionen nach.

Kant zieht aus seiner Diskussion des moralischen Werts von Handlungen eine weitreichende Konsequenz mit Blick auf das Prinzip, welches alles moralische Tun leitet: Ihm zufolge scheidet ein materiales Prinzip aus, da es eine Handlung anhand ihres Zwecks auswählen würde, die Realisierung eines Zwecks aber nicht über den moralischen Wert einer Handlung entscheidet. Stattdessen muss sich, wie Kant folgert, das Handeln aus Pflicht auf ein zugleich formales und apriorisches Prinzip stützen, weil es von der materialen und zugleich empirischen Zweckbestimmung unabhängig ist. Man darf sich dabei von Kants Argumentation nicht verwirren lassen: Kant ist der Meinung, dass zu einer jeden Handlung die Ausrichtung auf einen Zweck gehört. Der moralische Wert einer Handlung basiert jedoch darauf, dass die Entsprechung mit einem formalen Gesetz und nicht das Verfolgen eines bestimmten Zwecks den ausschlaggebenden Grund dafür gibt, dass eine Handlung ausgeführt oder unterlassen wird.

Auf diese Weise gelangt Kant zu einer Definition des Pflichtbegriffs, die ein erstes Teilergebnis darstellt: «*Pflicht ist die Nothwendigkeit einer Handlung aus Achtung fürs Gesetz*» (GMS 4:400). Handelt jemand aufgrund der Pflicht, so bestimmt «objectiv das *Gesetz* und subjectiv *reine Achtung* für dieses praktische Gesetz» (GMS 4:400) seinen Willen. Wenn «nichts anders als die Vorstellung des Gesetzes» (GMS 4:401) der ausschlaggebende Grund für das Handeln ist, so ist der Wille objektiv durch das Gesetz bestimmt und die Person handelt subjektiv aus der Einstellung der Achtung gegenüber dem Gesetz. Worin das Gesetz im Näheren besteht, erfahren wir an dieser Stelle jedoch noch nicht. Allerdings verdient es Beachtung, dass Kant bei diesen Ausführungen die sittliche Pflicht im Blick hat. Der sittlichen Pflicht kommen wir laut seiner Meinung nur nach, wenn wir aufgrund unserer Orientierung am moralischen Gesetz handeln, und nicht, wenn unsere Neigung zufällig mit der Pflicht zusammenfällt.[12] Rechtliche Pflichten, bei denen das Motiv der Pflichtbefolgung unerheblich ist, zieht Kant an dieser Stelle nicht in Betracht.

Maximen

Kants Ausführungen machen von dem Begriff der ‹Maxime› Gebrauch, der ein Kernelement seiner Moralphilosophie und Handlungstheorie ausmacht. Menschliches Handeln basiert nach Kant generell auf der Wahl von Maximen, wobei er unter einer Maxime «das subjective Princip des Wollens» (GMS 4:400 Fn.) oder auch den «Grundsatz, nach welchem das Subject *handelt*» (GMS 4:421 Fn.), versteht. Maximen sind allgemeine Regeln, durch die eine Handlung gewollt wird und die so zur Ausführung der Handlung motivieren; mit ihnen legt eine Person den Kurs ihres Handelns fest. Beispiele für Maximen sind etwa: ‹wenn jemand unverschuldet in Not gerät, dann helfe ich ihm› oder ‹wenn es für mich vorteilhaft ist, dann verhalte ich mich anderen gegenüber ehrlich›. Die Aussage, dass wir immer aus Maximen handeln, mag uns zweifelhaft vorkommen, da wir uns nur manchmal bewusst sind, im Handeln einer allgemeinen Regel zu folgen. Kant ist allerdings der Meinung, dass Maximen auch unbewusst sein können. Aber auch wenn wir uns nicht immer der Maxime bewusst sind, aus der wir handeln, so haben wir grundsätzlich immer die Möglichkeit, sie uns zu Bewusstsein bringen.

Da Menschen aus Maximen handeln, die sie sich selbst gegeben haben, steht das Handeln unter ihrer rationalen Kontrolle. Nach Kant basiert menschliches Handeln auf freigewählten Maximen, da Menschen nur dann zu einer Handlung bereit sind, wenn sie ihren Handlungsantrieb in eine Maxime aufgenommen haben und diesen dadurch bejahen.[13] Das moralische Sollen ist dabei so zu verstehen, dass es die Annahme oder Ablehnung von Maximen daran ausrichtet, ob sie mit dem moralischen Gesetz übereinstimmen. Vor diesem Hintergrund lässt sich auch Kants Aussage verständlich machen, dass sich der moralische Wert einer Handlung nach der Maxime bemisst, aus der sie ausgeführt wird. Ist ein Handeln moralisch wertvoll, so hat der Handelnde seine Maxime deshalb angenommen, weil sie mit dem übereinstimmt, was die Pflicht verlangt – er hat damit auch die Konformität mit der Pflicht zu einem Teil seiner Maxime gemacht. Das lässt sich anhand eines Beispiels illustrieren: Während der Philanthrop der Maxime, sich wohltätig gegenüber anderen zu verhalten, aus einer allgemeinen menschenfreundlichen Einstellung folgt, leistet ihr der Misanthrop deshalb Folge, weil es die Pflicht gebietet, und nimmt damit die Übereinstimmung mit der Pflicht in seine Maxime auf.

Was kann das aber wohl für ein Gesetz sein ...?

Für Kant spielt es eine wichtige Rolle, dass das allgemein geteilte Moralverständnis über eine Vorstellung der Pflicht verfügt, in der die normative Autorität des moralischen Gesetzes zum Ausdruck kommt. Von Interesse ist die allgemein verbreitete Idee vom moralischen Wert von Handlungen aus Pflicht aber vor allem deshalb, weil sie für den Inhalt des Gesetzes informativ sind. Entsprechend besteht der Höhepunkt von Kants Auseinandersetzung mit der sittlichen Vernunfterkenntnis in einem Schluss von den Eigenschaften einer moralisch wertvollen Handlung auf die Beschaffenheit des Moralgesetzes.

Seine Überlegung leitet Kant mit der Frage ein: «Was kann das aber wohl für ein Gesetz sein, dessen Vorstellung, auch ohne auf die daraus erwartete Wirkung Rücksicht zu nehmen, den Willen bestimmen muß, damit dieser schlechterdings und ohne Einschränkung gut heißen könne?» (GMS 4:402). Da nur ein Wille unbedingt gut ist, der nicht auf die Erlangung äußerer oder innerer Güter gerichtet ist, kann eine Handlung nicht deshalb moralisch wertvoll sein, weil durch sie bestimmte Güter herbeigeführt werden. Geht man nun mit Kant davon aus, dass der Wille Handlungen immer nach Gesetzen verursacht, so stellt sich die Frage, nach welchem Gesetz der Wille eine Handlung verursacht, wenn es sich nicht um ein instrumentelles Gesetz für die Herbeiführung bestimmter Güter handelt. Entsprechend stellt Kant heraus, dass moralisch wertvolle Handlungen nur nach einem Gesetz erfolgen können, das nicht vom instrumentellen Typ ist: «Da ich den Willen aller Antriebe beraubt habe, die ihm aus der Befolgung irgend eines Gesetzes entspringen könnten, so bleibt nichts als die allgemeine Gesetzmäßigkeit der Handlungen überhaupt übrig, welche allein dem Willen zum Princip dienen soll» (GMS 4:402). Kant geht hier von einer erschöpfenden Alternative aus: Ihm zufolge kann das Gesetz, um dessentwillen moralisch wertvoll gehandelt werden soll, nur in der allgemeinen Gesetzlichkeit bestehen, weil es sich um kein Gesetz handeln kann, das die Herbeiführung eines spezifischen Gegenstands als Ziel bestimmt. Deshalb lautet das Moralprinzip: «Ich soll niemals anders verfahren als so, *daß ich auch wollen könne, meine Maxime solle ein allgemeines Gesetz werden*» (GMS 4:402). Wie Kant erklärt, «ist nun die bloße Gesetzmäßigkeit überhaupt (ohne irgend ein auf gewisse Handlungen bestimmtes Gesetz zum Grunde zu legen) das, was dem Willen zum Princip dient» (GMS 4:402). Da das moralische Gesetz nicht das Verfolgen bestimmter Zwecke vorgibt, kann es in nichts anderem als der bloßen Gesetzmäßigkeit bestehen.

Hypothetischer und kategorischer Imperativ

Mit der Analyse der gemeinen sittlichen Vernunfterkenntnis und des in ihr enthaltenen Pflichtgedankens hat Kant einen Ankerpunkt für seine Moralphilosophie gewonnen. Es mag jedoch der Einwand naheliegen, dass ein Handeln aus Pflicht in Wahrheit nicht vorkommt, da eine jede dem Anschein nach aus Pflicht handelnde Person auch von versteckten egoistischen Motiven bewegt sein kann. Auch um Zweifel dieser Art abzuwehren, wählt Kant im zweiten Abschnitt der *Grundlegung* einen neuen Weg zur Aufsuchung des Moralgesetzes, der in der Untersuchung des praktischen Vernunftvermögens besteht. Allgemein besitzen vernünftige Wesen einen Willen als «das Vermögen, *nach der Vorstellung* der Gesetze, d.i. nach Principien, zu handeln» (GMS 4:412). Weiterhin identifiziert Kant den Willen mit der praktischen Vernunft, «da zur Ableitung der Handlungen von Gesetzen *Vernunft* erfordert wird» (GMS 4:412). Jedoch ist lediglich bei vollkommen vernünftigen Wesen, die nicht über eine sinnliche Seite verfügen, der Wille durch die Vernunft «unausbleiblich bestimmt» (GMS 4:412), sodass eine als objektiv notwendig begriffene Handlung auch subjektiv notwendig ist und ohne Widerstände vollzogen wird. Entspricht der Wille – wie bei Menschen – nicht vollständig der Vernunft, so bleibt es zufällig, ob eine aufgrund des Gesetzes als objektiv notwendig eingesehene Handlung auch subjektiv im Handeln umgesetzt wird. Ist der Wille durch Vernunft bestimmt, ohne dass er notwendig der Vernunft folgt, so erfährt er das Gesetz als ‹Nötigung›. Dieses Verhältnis der Vernunft zum Willen ist nach Kant dafür verantwortlich, dass uns Menschen das Gesetz als ein Gebot gegenübertritt, d.h. als ein durch ein Sollen ausgedrückter *Imperativ*.

Nach Kant gibt es zwei Arten von Imperativen, die danach unterschieden sind, ob sie entweder hypothetisch oder kategorisch gebieten, wie zu handeln ist. Dabei wird mit hypothetischen Imperativen ausgedrückt, dass eine Handlung ein notwendiges Mittel bildet, um etwas Gewolltes zu erlangen. Als Imperative der Geschicklichkeit bringen sie zum Ausdruck, dass die geeigneten Mittel zum Erreichen eines Zwecks zu ergreifen sind, worin auch immer der Zweck besteht. Als Imperative der Klugheit dagegen beziehen sie sich auf das von allen Menschen geteilte Ziel der Glückseligkeit und gebieten, die notwendigen Mittel zum Erreichen dieses Ziels zu ergreifen. Gemeinsam ist beiden Formen des hypothetischen Imperativs, dass die Handlung «nicht schlechthin, sondern nur als Mittel zu einer anderen Absicht geboten» (GMS 4:416) wird. Zwar stützen sich auch hypothetische Imperative auf ein in der Vernunft verankertes Gesetz; ihr Problem besteht jedoch in der mangelnden Allgemeinheit. So gilt ein Imperativ der Geschicklichkeit nur für diejenigen, die auch den Zweck verfolgen, der mittels der angewiesenen Mittel erreicht werden kann. Auch Imperative der Klugheit können nicht an alle Menschen gerichtet sein, da keine Einigkeit darüber herrscht, worin Glückseligkeit besteht und wie sie erreicht werden kann.

Demgegenüber besitzt der kategorische Imperativ eine andere Struktur, da er auf die Handlung selbst und nicht auf die Handlung als Mittel zur Erreichung von bestimmten Zielen gerichtet ist. Der kategorische Imperativ bezieht sich nicht auf den ‹materialen› Aspekt von Handlungen, der in der Realisierung eines Zwecks besteht, sondern auf einen formalen Aspekt, der die Übereinstimmung der handlungsleitenden Maxime mit einem zweckunabhängigen Gesetz betrifft. Ein solcher kategorischer Imperativ besteht im Imperativ der Sittlichkeit, der nichts anderes als die Übereinstimmung der Handlung mit dem moralischen Gesetz fordert.

Man kann jedoch infrage stellen, ob es einen kategorischen Imperativ überhaupt geben kann. Dass es den hypothetischen Imperativ wirklich gibt, geht nach Kant daraus hervor, dass er im Begriff des Zwecks analytisch enthalten ist. Denn insofern jemand einen Zweck wählt, verlangt die Vernunft von ihm, die erforderlichen Mittel zum Erreichen dieses Zwecks zu wählen. Anders als der hypothetische ist der kategorische Imperativ aber ein «synthetisch-praktischer Satz» (GMS 4:420), da sich seine Sachbedeutung nicht aus einem unsere Handlungserfahrung prägenden Begriff wie dem des Zwecks herleiten lässt. Einen ‹analytischen› Charakter hätte die durch den kategorischen Imperativ formulierte Notwendigkeit einer Handlung nur im Fall von vollkommen vernünftigen Wesen, bei denen die Wahl ihres Verhaltens vollständig der Vernunft unterliegt. Ob aber die Notwendigkeit einer durch das Moralgesetz bestimmten Handlung für unvollkommen vernünftige Wesen wie uns tatsächlich einen kategorischen Imperativ darstellt, ist nicht ausgemacht. Zwar kann das Moralprinzip nur die Form eines kategorischen und nicht eines hypothetischen Imperativs besitzen. Man kann jedoch bezweifeln, dass es kategorisch gebietende Imperative wirklich gibt. Es könnte schließlich auch der Fall sein, dass alle über das menschliche Handeln gebietenden Imperative von hypothetischer Art sind und nur das Ergreifen der passenden Mittel für bestimmte Ziele fordern.

Kant setzt die Diskussion über die Möglichkeit des kategorischen Imperativs erst im dritten Abschnitt fort. Zunächst wendet er sich stattdessen der Frage zu, wie der kategorische Imperativ beschaffen sein und worin sein Inhalt bestehen müsste. Die weitere Untersuchung im zweiten Abschnitt steht damit unter einer konditionalen Einschränkung und fragt danach, wie der kategorische Imperativ genauer zu bestimmen wäre, wenn es ihn denn geben sollte.

Die Gesetzesformel

Kant gelangt im zweiten Abschnitt der *Grundlegung* zu mehreren Formeln des kategorischen Imperativs – wobei man über deren exakte Anzahl streiten kann, da nicht ganz klar ist, was als eigenständige Formel gelten darf.[14] Ungeachtet seiner verschiedenen Formulierungen behauptet Kant aber, dass der kategorische Imperativ «nur ein einziger» (GMS 4:421) ist und durch die Gesetzesformel ausgedrückt wird. Die Formel, der Kant einen übergeordneten Rang zuspricht, lautet: «handle nur nach derjenigen Maxime, durch die du zugleich wollen kannst, daß sie ein allgemeines Gesetz werde» (GMS 4:421). Näher betrachtet, wiederholt Kant damit die Formulierung des Moralprinzips, die er bereits in der Auseinandersetzung mit der gemeinen sittlichen Vernunfterkenntnis gewonnen hat. Neu ist jedoch die Begründung anhand des Merkmals der Allgemeinheit, die den kategorischen Imperativ auszeichnet. Da das Gesetz allgemeingültig ist, kann es nicht die Verwirklichung bestimmter Zwecke fordern, die nicht von allen Subjekten geteilt werden. Selbst die Glückseligkeit, nach der alle Menschen aufgrund ihrer Naturausstattung streben, kann keinen allgemeinen Zweck darstellen, weil verschiedene Personen unterschiedliche Ansichten darüber haben, worin das Glück besteht, und sich die Vorstellung vom Glück auch im Laufe eines Lebens ändern kann. Deshalb fordert der kategorische Imperativ nicht dazu auf, ein bestimmtes Ziel zu befördern, sondern *die Wahl der eigenen Handlungen auf ihre Verallgemeinerbarkeit zu prüfen*.

Die Prüfung absolviert man, indem man zu der Maxime seines eigenen Handelns eine verallgemeinerte, auf das Handeln aller bezogene Maxime bildet und darauf achtet, ob sich zwischen beiden Maximen ein Widerspruch ergibt. Verdeutlichen lässt sich der Test anhand eines der von Kant gewählten Beispiele, dem des falschen Versprechens. Im Beispiel lautet die Maxime der handelnden Person: ‹Wenn ich in Geldnot bin, leihe ich mir Geld unter dem falschen Versprechen, es zurückzuzahlen.› Nach Kant ist ein Handeln gemäß dieser Maxime nicht vorstellbar, wenn die Maxime allgemein ist und von allen befolgt wird. Der Grund liegt darin, dass unter Voraussetzung der verallgemeinerten Maxime der potentielle Geldgeber nicht glauben kann, dass ihm das Geld zurückgezahlt wird. Die Maxime für das Handeln der einzelnen Person scheitert also daran, dass wir sie nicht als Maxime für das Handeln aller akzeptieren können. Durch dieses Verfahren lässt sich herausfinden, ob wir für uns eine Ausnahme von einem Handlungsprinzip in Anspruch nehmen, an dessen allgemeiner Gültigkeit wir dennoch festhalten. Indem wir unsere Maxime mit ihrem verallgemeinerten Gegenstück vergleichen, können wir demnach feststellen, ob wir moralisch inadäquaten egoistischen Interessen folgen.

Im Detail können wir uns nach Kant nicht einmal kohärent vorstellen, dass die Maxime des falschen Versprechens als allgemeine Maxime akzeptiert wird. Es ist nicht denkbar, dass die Maxime ‹Wenn ich ein Versprechen gebe und in einer Notsituation bin, dann erfülle ich das Versprechen nicht› von allen angenommen wird, weil unter dieser Voraussetzung die Institution des Versprechens keinen Bestand hätte oder gar nicht erst zustande käme. Während sich aus der Verallgemeinerung der Maxime des falschen Versprechens ein Widerspruch im *Denken* ergibt, gibt es auch Maximen, deren Verallgemeinerung zu einem Widerspruch im *Wollen* führen. Macht sich eine Person die Maxime zu eigen, keine Hilfe zu leisten, wenn andere aufgrund einer Notlage auf ihre Hilfe angewiesen sind, so kann sie nach Kant nicht wollen, dass ihre Maxime allgemein akzeptiert wird. Zwar ist es vorstellbar, dass eine Person keine Hilfe leistet und keine empfängt, die verallgemeinerte Maxime kann aber von der Person nicht gewollt werden, da sie selbst in Situationen der Not gelangen kann, in der sie der Hilfe anderer bedarf. Das Nicht-Denken-Können stellt dabei das engere Kriterium gegenüber dem Nicht-Wollen-Können dar, da eine verallgemeinerte

Maxime, die nicht gedacht werden kann, auch keinen möglichen Gegenstand des Wollens bildet.

In beiden Beispielen geht aus der Anwendung des kategorischen Imperativs hervor, dass es nicht erlaubt ist, den entsprechenden Maximen zu folgen. Der kategorische Imperativ gibt aber nicht nur negative, sondern auch positive Pflichten zu erkennen. Während wir zur Unterlassung einer Handlung verpflichtet sind, wenn sie sich aus einer verbotenen Maxime ergibt, sind wir umgekehrt zur Ausführung einer Handlung verpflichtet, wenn sich ihre Unterlassung aus einer verbotenen Maxime ergibt. Da die Maxime verboten ist, die Erfüllung eines Versprechens absichtlich zu unterlassen, besteht die positive Pflicht, Versprechen zu halten. Ebenso besteht die positive Pflicht, anderen zu helfen, wenn sie in Not geraten sind, da die gegenteilige Maxime nicht erlaubt ist. Anhand der beiden Arten von Widersprüchen, die durch die Verallgemeinerung zustande kommen können, gewinnt Kant auch eine Unterteilung der Pflichten. Scheitert eine Maxime wie die des falschen Versprechens an einem Widerspruch im Denken, so besteht ein Konflikt mit «der strengen oder engeren (unnachlaßlichen) Pflicht», die von Kant auch vollkommene Pflicht genannt wird. Führt die Verallgemeinerung der Maxime zu einem Widerspruch im Wollen, so ergibt sich lediglich ein Konflikt mit «der weiteren (verdienstlichen) Pflicht» (GMS 4:424), die Kant als unvollkommene Pflicht bezeichnet. Unvollkommene Pflichten sind dabei weniger strikt als vollkommene, da sich nur schwer bestimmen lässt, in welchem Umfang wir ihnen nachzukommen verpflichtet sind. Zum Beispiel besteht bei Hilfspflichten als unvollkommenen Pflichten gegenüber anderen immer eine Grenze, an der das gesollte Handeln in ein verdienstliches übergeht, dem wir zwar mit Lob begegnen, das aber nicht eingefordert werden kann.

Allgemein besteht der Sinn des kategorischen Imperativs darin, uns über Situationen aufzuklären, in denen wir uns eine Ausnahme von einer Handlungsregel erlauben wollen, an deren allgemeiner Akzeptanz wir aber festhalten müssen. Laut Kant ist es bei einer Übertretung der Pflicht so, «daß wir wirklich nicht wollen, es solle unsere Maxime ein allgemeines Gesetz werden» – allerdings «nehmen wir uns die Freiheit, für uns oder (auch nur für diesesmal) zum Vortheil unserer Neigung davon eine Ausnahme zu machen» (GMS 4:424). Mithilfe des kategorischen Imperativs werden wir darauf aufmerksam, dass wir uns eine solche moralisch unerlaubte Ausnahme gestatten wollen.

Die weiteren Formeln: Menschheitsformel, Autonomieformel, Reich-der-Zwecke-Formel

Kant hebt – vielleicht überraschend – hervor, dass auch der durch den kategorischen Imperativ zum Handeln bestimmte Wille an einem Zweck orientiert ist. Ihm zufolge benötigt auch der Wille, der dem kategorischen Imperativ entspricht, einen Zweck, da jede Bestimmung des Willens einen Zweck voraussetzt. Anders als die zuvor erörterten Zwecke muss der gesuchte Zweck jedoch allgemein sein und darf sich nicht dem Begehren einzelner Subjekte verdanken. Außerdem darf der gesuchte Zweck kein Zweck sein, den wir durch die Handlung hervorbringen, da der moralische Wert einer Handlung nicht im Erreichen eines Zwecks besteht. Der mit dem kategorischen Imperativ verbundene Zweck lässt sich vielmehr als ein Zweck verstehen, auf den wir in unserem Handeln schützend oder auch fördernd Rücksicht nehmen sollen.

Einen solchen ‹Zweck an sich selbst›, der nicht dem auf die Verwirklichung von empirischen Zwecken ausgerichteten sinnlichen Begehrungsvermögen entstammt, findet Kant im Menschen und allen vernünftigen Wesen auf. Während die Neigungen nur relative Zwecke mit bedingtem Wert liefern, bildet das vernünftige Wesen nach Kant einen Zweck an sich selbst mit absolutem Wert. Kants Argument dafür, dass das vernünftige Wesen einen Selbstzweck darstellt und absoluten Wert trägt, ist jedoch nicht gänzlich klar. Kant scheint aus der Fähigkeit vernünftiger Wesen, ihren Willen durch relative Zwecke zu bestimmen, darauf zu schließen, dass sie als Besitzer dieser Fähigkeit einen Zweck an sich selbst ausmachen. Absoluter Wert kommt vernünftigen Wesen demnach zu, weil sie anders als andere Lebewesen Zwecke für ihr Handeln zu wählen imstande sind. Neuere Interpretationen entdecken darin die Vorstellung, dass der Mensch seinen Zwecken nur dann einen Wert geben kann, wenn er sich selbst unbedingten Wert zuschreibt. Unter dieser Voraussetzung würden Menschen den Wert, den sie sich selbst zuschreiben, auf ihre einzelnen Projekte übertragen.[15] Eine andere Lesart besteht darin, dass vernünftige Wesen aufgrund ihrer Fähigkeit zum moralischen Handeln als Zwecke an sich selbst betrachtet werden müssen. Dafür spricht, dass Kant ausdrücklich sagt, dass die «Schicklichkeit seiner Maximen zur allgemeinen Gesetzgebung es [das vernünftige Wesen] als Zweck an sich selbst auszeichnet» (GMS 4:438). Demnach ist Kant der Ansicht, dass die Adressaten der Moral auch diejenigen sind, die moralische Achtung verdienen. Beiden Lesarten zufolge verdankt sich die Selbstzweckhaftigkeit des Menschen einer Fähigkeit, die er mit allen vernünftigen Wesen gemeinsam hat – entweder generell der Fähigkeit, sich Zwecke zu setzen, oder spezifisch der Fähigkeit, sein Handeln moralisch zu bestimmen (Moran 2022, 27–29).

Auch wenn ihre Begründung nicht vollständig durchsichtig ist, so gelangt Kant mit der Menschheitsformel zu einer wegweisenden Neuformulierung des kategorischen Imperativs. Die Formel lautet: «Handle so, daß du die Menschheit sowohl in deiner Person, als in der Person eines jeden andern jederzeit zugleich als Zweck, niemals bloß als Mittel brauchst» (GMS 4:429). Die Bedeutung der Formel liegt in erster Linie darin, dass sie ein Verbot der Instrumentalisierung von anderen Menschen zum Ausdruck bringt. Ihr zufolge ist zum Beispiel die Maxime des falschen Versprechens nicht erlaubt, weil wir mit ihr einen anderen Menschen bloß als Mittel zum Erreichen unserer eigenen Absichten gebrauchen, ohne sie als Person mit absolutem Wert zu respektieren. Mit dem ‹Prinzip der Menschheit› zieht Kant unserem strategischen Umgang mit anderen eine Grenze – diese befindet sich dort, wo wir mit ihnen in einer Weise umgehen, der sie selbst grundsätzlich nicht zustimmen können. So kann derjenige, dem ich ein falsches Versprechen gebe, «unmöglich in meine Art, gegen ihn zu verfahren, einstimmen» (GMS 4:429 f.). Fälle, in denen man sich anderer bloß als Mittel bedient, sind laut Kant besonders deutlich, «wenn man Beispiele von Angriffen auf Freiheit und Eigenthum anderer herbeizieht» (GMS 4:430). Nach der Meinung Kants ergibt sich aus der Menschheitsformel aber auch das Verbot des Selbstmords, da der Selbstmörder seine eigene Person als Mittel zu Erhaltung eines erträglichen Lebenszustandes, nicht aber als Zweck an sich selbst betrachtet. Außerdem gehen aus dem Prinzip der Menschheit auch direkt positive Pflichten hervor, zum Beispiel die Pflichten, die Zwecke der Menschheit durch Hilfe gegenüber anderen oder die Entwicklung der eigenen Talente zu fördern.

Der Streit über die richtige Deutung der Menschheitsformel betrifft jedoch auch einen Aspekt, der für den Ansatz der *Grundlegung* von grundsätzlicher Bedeutung ist. Einige Autoren sind der Auffassung, dass Kant mit der Menschheitsformel das Wertefundament seiner Moralphilosophie offenlegt (Wood 2008, 85–105; kritisch dazu Sensen 2011). Demnach möchte Kant mit der Lehre vom kategorischen Imperativ vor allem die Ansicht etablieren, dass allen Menschen aufgrund ihrer vernünftigen Natur ein absoluter Wert zu eigen ist, auf den in allen Handlungen Rücksicht zu nehmen ist. Das führt manche Interpreten zu der Ansicht, dass Kant seiner Moralphilosophie im Rekurs auf die menschliche Würde eine ontologische Basis in einer Werttatsache gibt. Es lässt sich aber bezweifeln, dass Kant mit der Menschheitsformel tatsächlich einen solchen Anspruch erhebt. Zwar steht außer Frage, dass Kant in dieser Formel ein fruchtbares Moralkriterium gefunden hat, aber als Grundformel des kategorischen Imperativs scheint Kant die Gesetzesformel zu betrachten. Die anderen Formeln stuft Kant dagegen als Mittel ein, die den Gehalt des kategorischen Imperativs noch einmal zur Anschauung bringen sollen (GMS 4:436). Überdies kommt der Vorrang des Gesetzes vor der Wertbestimmung des Menschen auch darin zum Ausdruck, dass die Menschheitsformel den Allgemeinheitsanspruch der Gesetzesformel zur Voraussetzung hat. Ohne die Allgemeinheitsforderung könnte Kant schließlich nur behaupten, dass eine Person sich selbst aufgrund ihrer Selbstzweckhaftigkeit nicht als Mittel für fremde Zwecke missbrauchen darf. Auch darin manifestiert sich, dass Kant dem Gesetz eine Priorität zuspricht und die Vorstellung von der allgemeinen menschlichen Würde aus diesem herleitet.

Die Gesetzes- und Menschheitsformel ergänzt Kant um zwei weitere Formeln, durch die die Anwendbarkeit des kategorischen Imperativs noch transparenter werden soll: die von Kant als ‹Prinzip der Autonomie› bezeichnete Autonomieformel und die Reich-der-Zwecke-Formel. Kants Ausführungen über das Prinzip der Autonomie sind dabei Gegenstand einer aktuellen Forschungskontroverse, die sich auf das weit verbreitete Verständnis bezieht, nach dem Kant anhand der Begriffe von Autonomie bzw. Selbstgesetzgebung die Quelle des moralischen Gesetzes offenlegt. Vordergründig scheint sich diese Auffassung auf Kants Aussage stützen zu können, dass sich der Wille «als Urheber» (GMS 4:431) des moralischen Gesetzes ansehen darf bzw. dass dieses seinem Willen ‹entspringt› (GMS 4:433). Mit einer Selbstgesetzgebung des moralischen Gesetzes durch den Willen ist jedoch ein Problem verbunden, das von Interpreten, die gegenüber Kants Moralphilosophie kritisch eingestellt sind, als «Paradox der Autonomie» bezeichnet wird (Khurana/Menke 2011). Als paradox wird die Selbstgesetzgebung durch den Willen dabei deshalb betrachtet, weil sie eine Wahl voraussetzt, in der das moralische Gesetz optional ist. Trifft diese Beschreibung zu, so würde Kant daran scheitern, die Notwendigkeit des moralischen Gesetzes zu begründen und nicht über die Moraltheorien hinausgelangen, die diese auf eine «Nothwendigkeit der Handlung aus einem gewissen Interesse» (GMS 4:433) reduzieren.

Bei näherer Betrachtung ergibt sich jedoch ein anderes Bild: Kant bezieht sich mit dem Prinzip der Autonomie erneut auf ein Prüfverfahren, aus dem die Zulässigkeit von Maximen hervorgehen soll. Angeregt durch die politische Philosophie erhebt er «das *Princip* eines jeden menschlichen Willens, *als eines durch alle seine Maximen allgemein gesetzgebenden Willens*» (GMS 4:432), zu einem weiteren Test auf die Erlaubtheit von Maximen. Nach dieser Formulierung des kategorischen Imperativs sind wir dazu aufgefordert, uns in die Position eines Gesetzgebers hineinzuversetzen und zu prüfen, ob unsere Handlungsgrundsätze als allgemeines Gesetz tauglich sind. Kant benutzt dabei eine Analogie zur Politik (Kleingeld 2019), nach der die Entscheidungen eines Gesetzgebers nur dann legitim sind, wenn dieser von seinen eigenen Interessen absieht und darauf achtet, ob die von ihm erlassenen Gesetze allgemeine Zustimmung finden können: «Alle Maximen werden nach diesem Princip verworfen, die mit der eigenen allgemeinen Gesetzgebung des Willens nicht zusammen bestehen können» (GMS 4:431). Hier hat die Selbstgesetzgebung ihren Ort auf der Ebene der Wahl von Maximen, sodass nicht das moralische Gesetz selbst, sondern die moralischen Gesetze in Form der konkreten Handlungspflichten als selbstgegeben zu verstehen sind. Kant bezieht sich auf den rechtmäßigen Gebrauch politischer Herrschaft, nach der die Gesetzespläne eines Herrschers nur dann legitim sind, wenn sie sich zur allgemeinen Gesetzgebung qualifizieren und für alle zustimmungsfähig sind. In gleicher Weise soll sich die handelnde Person überlegen, ob ihre Maximen als Prinzipien einer allgemeinen Gesetzgebung in Frage kommen und hypothetisch alle in der Lage sind, in die Geltung dieser Prinzipien einzuwilligen. Inwiefern dem Begriff der Autonomie des Willens noch eine darüberhinausgehende Bedeutung zukommt, wird im Folgenden noch einmal Thema sein.

Mit der Reich-der-Zwecke-Formel erweitert Kant seine bisherigen Formulierungen des kategorischen Imperativs um eine soziale Perspektive. Auch wenn Kants Ausführungen über das Reich der Zwecke größere Aufmerksamkeit verdienen, können sie an dieser Stelle nur kurz umrissen werden. Der neuen Formel zufolge muss sich «das vernünftige Wesen [...] jederzeit als gesetzgebend in einem durch Freiheit des Willens möglichen Reiche der Zwecke betrachten» (GMS 4:434), wobei das Reich der Zwecke in der ‹systematischen Verbindung› der dem moralischen Gesetz folgenden Wesen besteht. Nach der Reich-der-Zwecke-Formel dürfen sich Personen nur solche Maximen zu eigen machen, die sie als Mitglieder einer dem kategorischen Imperativ folgenden Gemeinschaft akzeptieren können. Wenig beachtet wurde bislang, dass Kant mit der Formel vermutlich auch hervorheben möchte, dass wir unsere Handlungsprinzipien ohne Rücksicht auf das moralwidrige Handeln anderer wählen sollen. Unsere Maximenwahl soll sich stattdessen an der Vorstellung orientieren, dass wir mit unseren Handlungen einen Beitrag zur Kooperation unter moralisch Handelnden liefern.

Autonomie und Heteronomie des Willens

Am Ende des zweiten Abschnitts der *Grundlegung* betont Kant, dass das ‹oberste Prinzip der Sittlichkeit› in der Autonomie des Willens liegt. Was Kant unter dem obersten Prinzip genau versteht, ist allerdings nicht ganz klar – meint er eine den anderen Formeln übergeordnete Formel des kategorischen Imperativs oder ein allgemeines Prinzip, unter das sich seine ganze Moralphilosophie bringen lässt? Die Autonomie des Willens begreift er dabei als «die Beschaffenheit des Willens, dadurch derselbe ihm selbst (unabhängig von aller Beschaffenheit der Gegenstände des Wollens) ein Gesetz ist» (GMS 4:440). Näher betrachtet fasst Kant im Begriff der Autonomie des Willens verschiedene Aspekte zusammen, wobei sich drei Bedeutungen klar unterscheiden lassen:

(1) Unter der Autonomie des Willens lässt sich zunächst die Abwesenheit von heteronomen Bestimmungen verstehen. Kant erinnert damit an seine gegen alle konkurrierenden Moraltheorien gerichtete These, dass sich die Moralität des Willens keinem Interesse an einem Gegenstand verdankt. Als heteronom können dabei Ethiken gelten, die das Erlangen von Glückseligkeit (nach der Popularphilosophie), das Hervorbringen von Vollkommenheit (nach Wolff) oder das Befolgen des vollkommenen Willen Gottes (nach Crusius) zum Ziel der Moral erheben. Die von Kant betrachteten konkurrierenden Moraltheorien lassen sich dabei allesamt so begreifen, dass sie das moralische Wollen von den Gegenständen des Wollens ableiten. Entweder geht es um die Neigung zu Gegenständen, durch die man sich das Erlangen von Glückseligkeit erhofft, oder um Vollkommenheit als Kriterium für die hervorzubringenden Handlungsfolgen

oder um Gott als einen Gegenstand, der durch Vollkommenheit ausgezeichnet ist. Die nach Kant richtige Moralkonzeption darf dagegen weder auf der Beförderung bestimmter Zwecke, über deren Wert oder Inhalt auch gestritten werden kann, noch auf den Befehlen eines anderen beruhen.

(2) Positiv zeigt sich die Autonomie des Willens im Prinzip der Autonomie, nach dem nur diejenigen Maximen erlaubt sind, durch die der Wille allgemein gesetzgebend sein kann. Der Gedanke der Autonomie kommt dadurch besonders zur Geltung, dass «die Lossagung von allem Interesse» (GMS 4:431) bereits in die Formulierung des kategorischen Imperativs aufgenommen wird und nicht erst – wie bei der Gesetzesformel – im Resultat der Prüfung zum Tragen kommt.

(3) Außerdem soll die Autonomie des Willens eine Erklärung dafür geben, warum der Wille dem Gesetz unterworfen ist. Einen Fehlschlag hatte Kant in allen ihm vorausgegangenen Erklärungen der moralischen Verbindlichkeit wahrgenommen, da diese die Verbindlichkeit auf dem Willen gegenüber äußerliche Ziele zurückführen und eine Möglichkeit damit außer Acht lassen: «man ließ es sich aber nicht einfallen, daß er nur seiner eigenen und dennoch allgemeinen Gesetzgebung unterworfen sei» (GMS 4:432). Während die von Kant abgelehnten Moraltheorien davon ausgehen, dass der Wille zu gesetzmäßigem Handeln «von etwas anderm genöthigt wurde» (GMS 4:433), ist Kant der Meinung, dass die Quelle der Verpflichtung im Willen des handelnden Subjekts selbst liegt. Kant formuliert damit nicht die Auffassung, dass sich der Wille das Gesetz selbst wählt. Stattdessen gibt er der Ansicht Ausdruck, dass sich der menschliche Wille an das Gesetz bindet, dem rein vernünftige Wesen in allen ihren Handlungen folgen. Worin die Selbstgesetzgebung des Willens im Näheren besteht, aus der die Verbindlichkeit des kategorischen Imperativs resultiert, legt Kant jedoch erst im dritten Abschnitt offen.

Mit Kants Auffächerung der Formeln des kategorischen Imperativs ist eine Reihe von Fragen verbunden, die das Verhältnis der Formeln zueinander betreffen. Da Kant die Formeln für äquivalent hält, kann man fragen, ob die Formeln tatsächlich inhaltlich dasselbe bedeuten und zu den gleichen Resultaten führen. Diese Fragen sind Gegenstand größerer Debatten innerhalb der Forschung. Woran sich Kant in der Abfolge der Formeln orientiert, lässt sich demgegenüber leicht ausmachen. Mit den verschiedenen Formeln des kategorischen Imperativs geht ein sich fortschreitend entfaltendes Verständnis davon einher, was vernünftig Handelnde auszeichnet. Während die Gesetzesformel aus einem Verständnis von Handelnden gewonnen wird, die der Vorstellung von Gesetzen folgen, und der Menschheitsformel die Auffassung von Handelnden als Zwecke an sich selbst zugrunde liegt, betrachtet die Autonomieformel den Menschen als selbstgesetzgebend. Mit Sicherheit ist Kant der Meinung, dass es sich dabei um schrittweise Konkretisierungen des kategorischen Imperativs und nicht um alternative Erklärungen handelt.

Die Deduktion des kategorischen Imperativs

Während sich die ersten beiden Abschnitte der *Grundlegung* vorwiegend mit der Aufsuchung des Moralprinzips beschäftigen, ist der dritte Abschnitt seiner Rechtfertigung resp. ‹Deduktion› gewidmet. Weil mit dem dritten Abschnitt zahlreiche Fragen verbunden sind, kann hier nur die Leitlinie von Kants Argumentation wiedergegeben werden. Auf Seiten der Forschung wurde sogar infrage gestellt, dass Kant im dritten Abschnitt überhaupt den kategorischen Imperativ zu deduzieren beabsichtigt (Ludwig 2020). Über das Ziel des dritten Abschnitts kann die Rückschau auf die bisherige Argumentation der *Grundlegung* jedoch zu größerer Klarheit verhelfen. Im zweiten Abschnitt hat Kant aufgezeigt, dass das moralische Gesetz das Gesetz des Handelns für vollkommen vernünftige Wesen ist und in Anwendung auf uns Menschen als unvollkommen vernünftige Wesen die Gestalt des kategorischen Imperativs annehmen muss. Im ersten Abschnitt hat Kant dargestellt, dass wir uns tatsächlich des moralischen Gesetzes als einer autoritativen Norm für unser Handeln bewusst sind. Offen bleibt jedoch die von Kant immer wieder angeführte Frage, wodurch sich ausschließen lässt, dass unser Bewusstsein einer Verpflichtung illusionär ist und ein «Hirngespinst» (GMS 4:445) darstellt. Dahinter steht der gegenüber der Gültigkeit des kategorischen Imperativs skeptische Verdacht, dass alles menschliche Handeln lediglich hypothetischen Imperativen unterworfen ist. Entsprechend legt sich Kant die Frage vor, weshalb das für rein vernünftige Wesen gültige Moralgesetz auch tatsächlich für Menschen verbindlich ist.

Der Schlüssel liegt nach Kant im Begriff der Freiheit, da sich durch ihn verständlich machen lässt, wieso die Verbindlichkeit auf der Autonomie des Willens basiert. Die Ausgangsthese lautet dabei, dass «ein freier Wille und ein Wille unter sittlichen Gesetzen einerlei» (GMS 4:447) sind.[16] Zu dieser These gelangt Kant durch die Feststellung, dass ein durch Naturnotwendigkeit und den «Einfluß fremder Ursachen» (GMS 4:446) bestimmter Wille unfrei ist, sodass ein freier Wille nur durch sich selbst bestimmt sein kann. Für eine solche Bestimmung des Willens kommt jedoch nur das Sittengesetz in Frage, da sich alle anderen Bestimmungen äußeren Faktoren verdanken.

Folgt man Kants Auffassung, dass Freiheit und der Wille unter moralischen Gesetzen eng aufeinander bezogen sind, so scheint sich eine einfache Argumentationsmöglichkeit zu ergeben. Lässt sich nachweisen, dass wir über Freiheit verfügen, so lässt sich auch direkt ableiten, dass wir unter dem moralischen Gesetz stehen und ihm nachzukommen verpflichtet sind. Dabei gehört es zu den Resultaten der *Kritik der reinen Vernunft*, dass menschliche Freiheit nicht theoretisch bewiesen werden kann, es aber auch nicht ausgeschlossen werden kann, dass es Freiheit gibt. Wie Kant nun jedoch hervorhebt, verfügen wir über ein Bewusstsein von Freiheit, das unser gesamtes Selbstverständnis als Handelnde durchzieht. Da die Zuschreibung von Freiheit eine Basis für dieses Handlungsverständnis ausmacht, dürfen wir auch ohne theoretischen Beweis von der Realität von Freiheit ausgehen. Wie Kant erwägt, scheint sich anhand dieser Voraussetzung begründen zu lassen, warum der kategorische Imperativ gilt: «Ein jedes Wesen, das nicht anders als *unter der Idee der Freiheit* handeln kann, ist eben darum in praktischer Rücksicht wirklich frei, d.i. es gelten für dasselbe alle Gesetze, die mit der Freiheit unzertrennlich verbunden sind» (GMS 4:448). Nach diesem Argument ist der kategorische Imperativ gültig, da wir uns – wie allen vernünftigen Wesen – Freiheit zuschreiben müssen und diese an das Moralgesetz gebunden ist.

Kant räumt allerdings ein, dass der direkte Weg bei näherem Hinsehen nicht zum Ziel führt und die Gültigkeit des kategorischen Imperativs nicht unmittelbar daraus gefolgert werden kann, dass wir uns selbst Freiheit zuschreiben. Das Problem besteht darin, dass der Schluss von der Freiheit auf den kategorischen Imperativ von einer ungerechtfertigten Prämisse ausgeht. Ein analytischer Zusammenhang zwischen dem Begriff der Freiheit und dem des moralischen Gesetzes besteht nämlich nur im Fall von vollkommen vernünftigen Wesen. Von solchen Wesen mit einem «heiligen Willen» (GMS 4:414) behauptet Kant, dass sie aufgrund ihrer durch Vernunft bestimmten Freiheit in allen ihren Handlungen nicht anders als dem Moralgesetz folgen können. Den für Menschen gebietenden kategorischen Imperativ stuft Kant aber genau deshalb als synthetischen Satz ein, weil der Mensch nicht nur unter dem Einfluss der Vernunft steht, sondern auch empirischen Beschränkungen unterworfen ist. Demnach lässt sich die Gültigkeit des kategorischen Imperativs nicht daraus ableiten, dass Freiheit die Befolgung des moralischen Gesetzes impliziert, da dies nur auf vollkommen vernünftige Wesen zutrifft. Dieser Sachverhalt steht Kant vor Augen, wenn er von der «Erbittung eines Princips» (GMS 4:453) spricht, worunter er einen Schluss aus einer ungerechtfertigten Prämisse versteht.[17]

Eine Alternative eröffnet sich nach Kant, wenn wir einen weiteren Faktor in die Überlegung einbeziehen. Der entscheidende Hinweis besteht darin, dass der Mensch neben dem Vermögen des Verstandes, dessen legitimer Gebrauch die sinnliche Einwirkung empirischer Gegenstände voraussetzt, auch über das Vernunftvermögen verfügt, das als «reine Selbstthätigkeit» (GMS 4:452) von der Affizierung durch andere Dinge unabhängig ist. Obwohl Kant in der theoretischen Philosophie einen Gebrauch der Vernunft ohne jede Verbindung mit Erfahrung als illegitim betrachtet, spricht er hier der reinen Spontaneität der Vernunft deshalb eine positive Qualität zu, weil sie uns über die Sinnlichkeit hinausführt. Anders als in der theoretischen Philosophie begreift er es nun als das «vornehmste Geschäft» (GMS 4:452) der Vernunft, uns eine von der Sinnenwelt unabhängige Verstandeswelt zu erschließen. In ihrem praktischen Gebrauch unterrichtet uns die Vernunft darüber, dass wir nicht nur Angehörige der den Naturgesetzen unterworfenen Sinneswelt sind, sondern uns auch als Angehörige einer den Gesetzen der Freiheit unterworfenen Verstandeswelt zu betrachten haben. Demnach besteht die Lage des Menschen darin, dass er «zwei Standpunkte» (GMS 4:452) einnehmen kann, aus denen er sich selbst betrachtet: Einerseits muss er sich als Glied der empirisch determinierten Naturordnung verstehen, andererseits als Mitglied einer intelligiblen Welt, in der er nur durch seinen eigenen Willen handelt.

Mit dem Begriff der ‹intelligiblen Welt› hat Kant ein drittes Element aufgefunden, durch das sich die Begriffe von Freiheit und kategorischem Imperativ in einen inneren Zusammenhang bringen lassen, da wir uns als Angehörige der intelligiblen Welt einen freien Willen zuschreiben, der uns als Angehörigen der empirischen Welt den kategorischen Imperativ auferlegt. Es lässt sich ohne größere gedankliche Schwierigkeiten nachvollziehen, wie Kant seine Theorie der zwei Standpunkte, nach der wir uns sowohl als Teil der sinnlichen als auch als Teil der intelligiblen Welt betrachten müssen, für den Nachweis der Gültigkeit des kategorischen Imperativs zur Anwendung bringt. Eine Schwierigkeit im Textverständnis besteht jedoch darin, dass sich Kant für die Deduktion des kategorischen Imperativs auf einen mehrdeutigen Begriff der Autonomie des Willens stützt. Auf der einen Seite hebt Kant hervor, dass alle unsere Handlungen dem als Prinzip der Autonomie formulierten kategorischen Imperativ entsprächen, wenn wir ausschließlich Mitglied in der Verstandeswelt wären und der reine Wille unsere Handlungen bestimmte. Auf der anderen Seite stellt Kant klar, dass auch unser empirisches Selbst der Autonomie des Willens unterworfen ist, weil der reine Wille die Befolgung des moralischen Gesetzes für den empirischen Willen gebietet. Als reines Glied der Verstandeswelt «würden also alle meine Handlungen dem Princip der Autonomie des reinen Willens vollkommen gemäß sein», ausschließlich als Teil der Sinnenwelt wären sie «gänzlich dem Naturgesetz der Begierden und Neigungen, mithin der Heteronomie der Natur gemäß» (GMS 4:453). Zum Tragen kommt die Autonomie des Willens aber auch im Verhältnis von uns als Teilen der Verstandeswelt zu uns als Teilen der sinnlichen Welt. Eine Selbstgesetzgebung liegt deshalb vor, weil die Zugehörigkeit zur Verstandes- und Sinnenwelt gemeinsame Aspekte unserer eigenen Person darstellen und das intelligible Selbst dem empirischen die Gesetze für sein Handeln auferlegt. Die Autonomie des Willens kommt in anderen Worten auch darin zum Ausdruck, dass wir in unserem empirischen Selbst der Adressat eines Sollens sind, das von unserem an das moralische Gesetz gebundenen intelligiblem Selbst ausgeht.

Die Antwort auf die Frage, warum dem intelligiblen Selbst eine befehlsgebende Autorität über das empirische Selbst zukommt, scheint darin zu bestehen, dass das intelligible Selbst – als Ding an sich – das ontologische Fundament für das empirische Selbst – als Erscheinung – darstellt. Das scheint Kant mit der Feststellung im Auge zu haben, dass wir die Gesetze der Verstandeswelt deshalb als Imperative ansehen müssen, weil «*die Verstandeswelt den Grund der Sinnenwelt, mithin auch der Gesetze derselben enthält*» (GMS 4:453). Es bleibt aber merkwürdig, dass Kant die für ihn anscheinend wichtige Annahme einer ontologischen Höherwertigkeit der Verstandeswelt nicht weiter erläutert. Womöglich drückt sich darin, dass das intelligible Selbst befehlsgebend und das empirische Selbst befehlsempfangend ist, aber auch schlicht die Autorität der Vernunft aus. Es gibt dabei auch ein Argument für die Autorität der Vernunft, dass zwar in der *Grundlegung* nicht vorkommt, dafür aber in Vorlesungen Kants in ihrem zeitlichen Umfeld (V Moral/Kaehler (Stark), 31). Wie Kant dort darlegt, besteht das Problem hypothetischer Imperative darin, dass sie uns nur über die Legitimität der Mittel, nicht aber über die Legitimität der Ziele unterrichten. Fragen wir aber danach, wieso die Ziele legitim sind, zu denen uns die hypothetischen Imperative die Mittel anweisen, so können wir uns nur an die von den empirischen Zielen unabhängige reine Vernunft wenden. Vor diesem Hintergrund ist es die Vorstellung eines ‹eigentlichen› und nur durch Vernunft bestimmten Selbst, von der wir unsere ausschlaggebende normative Handlungsorientierung erhalten.

Das Faktum der Vernunft

Interpreten von Kants Ethik hat es immer wieder beschäftigt, dass der von Kant in der *Grundlegung* vorgestellte Gültigkeitsbeweis des kategorischen Imperativs in der *Kritik der praktischen Vernunft* nicht mehr vorkommt. Ein weitreichender Wandel drückt sich darin aus, dass Kant in der *Kritik der praktischen Vernunft* das Bewusstsein des kategorischen Imperativs als eine Tatsache betrachtet, die die Frage nach seiner Gültigkeit nicht mehr aufkommen lässt. Das Bewusstsein des Moralgesetzes kann man «ein Factum der Vernunft nennen, weil man es nicht aus vorhergehenden Datis der Vernunft, z.B. dem Bewußtsein der Freiheit (denn dieses ist uns nicht vorher gegeben), herausvernünfteln kann, sondern weil es sich für sich selbst uns aufdringt» (KpV 5:31). Dass es ein solches Faktum gibt, lässt sich nach Kant auch anhand von Erfahrungsbeispielen zum Vorschein bringen. Im berühmten Galgen-Beispiel geht Kant zunächst auf den Fall ein, in dem jemand seine ‹wollüstige› oder in heutigen Worten: sexuelle Neigung zunächst als unwiderstehlich betrachtet, unter Androhung der Strafe, am Galgen aufgeknüpft zu werden, aber von seiner Neigung Abstand nimmt. Dem stellt Kant den Fall eines Mannes gegenüber, der durch dieselbe Drohung dazu gebracht werden soll, «ein falsches Zeugniß wider einen ehrlichen Mann [...] abzulegen» (KpV 5:30). Während der Mann im ersten Fall unweigerlich seiner alle anderen Neigungen überragenden Liebe zum Leben folgt und seine Wollust unterdrückt, ist sich der Mann im zweiten Fall eines Sollens bewusst, das sogar die Liebe zum Leben als überwindbar erscheinen lässt. Aus dem Vergleich der beiden Fälle geht hervor, dass wir uns eines von Neigungen unabhängigen Sollens bewusst sind, da wir nicht aufgrund von Neigungen auf Abstand zu unserer Liebe zum Leben gehen können.

Kant geht es allerdings nicht darum, dass der Mann im zweiten Fall tatsächlich wahrhaftig aussagt und den Verlust seines eigenen Lebens in Kauf nimmt; wichtig ist nach Kant nur, dass er es für möglich hält, das falsche Zeugnis zu verweigern: «Ob er es thun würde, oder nicht, wird er vielleicht sich nicht getrauen zu versichern; daß es ihm aber möglich sei, muß er ohne Bedenken einräumen. Er urtheilt also, daß er etwas kann, darum weil er sich bewußt ist, daß er es soll» (KpV 5:30) Auf diese Weise bringt Kant einen komplexen Sachverhalt zum Ausdruck. Der Lehre vom Faktum zufolge werden wir uns des kategorischen Imperativs «unmittelbar bewußt» (KpV 5:29) und schreiben uns aufgrund der sich uns aufdrängenden Pflichtvorstellung die Freiheit zu, den Willen unabhängig von empirischen Ursachen durch das moralische Gesetz zu bestimmen. Eine Umkehr gegenüber der *Grundlegung* liegt vor, weil Kant zugleich bestreitet, dass es eine vom Faktum unabhängige Einsicht in die Wirklichkeit der menschlichen Freiheit gibt, aus der die Gültigkeit des kategorischen Imperativs abgeleitet werden kann. Demgemäß besteht die «wahre Unterordnung unserer Begriffe» (KpV 5:30) darin, dass wir uns durch die Verbindlichkeit des moralischen Gesetzes nachfolgend auch unserer Freiheit bewusst werden, dem moralischen Gesetz zu entsprechen.

Kant scheint sich damit deutlich von der *Grundlegung* abzuwenden und eine gegenteilige Argumentation zu verfolgen. Man muss sich jedoch in Erinnerung rufen, dass auch die *Grundlegung* von der in der gemeinen sittlichen Vernunfterkenntnis verankerten Idee der moralischen Pflicht ausgeht. Unerreichbar erscheint Kant nun aber eine Widerlegung des skeptischen Zweifels, nach dem die im alltäglichen Moralverständnis vorhandene Idee der sittlichen Pflicht eine Illusion darstellt. Nach seiner neuen Ansicht lässt sich die sittliche Verpflichtung nicht aus der Freiheit ableiten, da es keinen vom moralischen Bewusstsein unabhängigen Beweis von Freiheit gibt.

Keine Deduktion des kategorischen Imperativs

Im Unterabschnitt «Von der Deduction der Grundsätze der reinen praktischen Vernunft» präsentiert Kant die im Licht der Überschrift überraschende, mit Blick auf die Faktumslehre aber erwartbare These, dass sich der kategorische Imperativ nicht deduzieren lässt. Dabei spricht Kant sogar von der «vergeblich gesuchten Deduction des moralischen Princips» (KpV 5:47), auch wenn er nicht ausdrücklich macht, dass er einen solchen Deduktionsversuch selbst unternommen hat. Entgegen seiner früheren Auffassung behauptet Kant noch einmal ausdrücklich, dass sich aus dem Zusammenhang mit der Freiheit keine Deduktion des moralischen Gesetzes gewinnen lässt. Im Hintergrund steht die Vorstellung, dass sich eine Deduktion nach dem Muster der Deduktion der Objektivität der Kategorien in der *Kritik der reinen Vernunft* auf die Anschauung stützen muss – so ist die Notwendigkeit der Kategorien dadurch begründet, dass sich die sinnlichen Anschauungen ohne sie nicht in eine einheitliche Erfahrung bringen lassen. Von der Freiheit haben wir aber keine Anschauung, sodass sie nicht als Grundlage der Deduktion des kategorischen Imperativs in Frage kommt. Auch das Argument aus der Spontaneität der Vernunft scheint Kant nun nicht mehr als Nachweis unserer Freiheit zu genügen. Nach Kants neuer Position besteht die einzige verfügbare Evidenz für die Freiheit in unserem Bewusstsein des moralischen Gesetzes.

Zwar ergibt sich nach Kant aus der Freiheit keine Deduktion des kategorischen Imperativs, dafür ergibt sich aber umgekehrt eine Deduktion der Freiheit aus dem kategorischen Imperativ. Damit steht Kant vor Augen, dass wir aufgrund des Bewusstseins des kategorischen Imperativs auch berechtigt sind, von der Existenz von Freiheit auszugehen. Mit dieser neuen Erkenntnis macht Kant bereits in der Vorrede der *Kritik der praktischen Vernunft* vertraut, indem er das moralische Gesetz als Erkenntnisgrund (*ratio cognoscendi*) der Freiheit und die Freiheit als Seinsgrund (*ratio essendi*) des moralischen Gesetzes bezeichnet (KpV 5:4 Fn.). Das moralische Gesetz ist der Erkenntnisgrund der Freiheit, weil wir nur durch das Bewusstsein des moralischen Gesetzes auch unserer Freiheit gewahr werden – indem wir uns der Forderung des kategorischen Imperativs bewusst werden, schreiben wir uns auch die Freiheit zu, nach dem moralischen Gesetz zu handeln. Dem liegt ein Schluss vom Sollen auf das Können zugrunde, den Kant bereits im Galgen-Beispiel formuliert: Dort urteilt der Mann, «daß er es etwas kann, darum weil er sich bewußt ist, daß er es soll» (KpV 5:30). Zugleich ist Freiheit der Seinsgrund des moralischen Gesetzes, weil es ohne Freiheit nicht möglich wäre, dem moralischen Gesetz entsprechend zu handeln, und die positive Bestimmung der Freiheit im Handeln nach dem moralischen Gesetz besteht.

Seiner Argumentation fügt Kant jedoch noch eine weitere Wendung hinzu, indem er ein «*Creditiv* des moralischen Gesetzes» darin erkennt, dass dieses «als ein Princip der Deduction der Freiheit als einer Causalität der reinen Vernunft aufgestellt wird» (KpV 5:48). Demnach spricht es indirekt auch für die Gültigkeit des moralischen Gesetzes, dass aus ihm der Beweis von Freiheit erbracht werden kann, nach dem in der theoretischen Philosophie vergeblich gesucht wird. Anhand der Formulierung vom Kreditiv wird deutlich, dass Kant die Suche nach der Begründbarkeit des kategorischen Imperativs nicht dogmatisch abbricht, sondern einen Sinnzusammenhang etabliert, in dem moralisches Gesetz und Freiheit zu einem kohärenten Bild zusammengebracht werden.

Auch wenn Kant den Beweisgang der *Grundlegung* fallen lässt, so bleibt er jedoch anderen Elementen treu. Er behält z.B. die Erklärung bei, nach der das moralische Sollen darauf beruht, dass wir uns sowohl als Teil der Sinneswelt als auch als Teil der Verstandeswelt betrachten müssen und unser intelligibles Selbst dem empirischen gebietet, dem moralischen Gesetz nachzukommen. Die wichtige Änderung besteht darin, dass sich nach Kants neuer Auffassung kein außermoralisches Argument dafür liefern lässt, dass unsere moralische Verpflichtung wirklich besteht. Man darf es jedoch nicht als Eingeständnis eines Scheiterns werten, dass Kant Versuche zur Rechtfertigung des kategorischen Imperativs für vergeblich erklärt. Stattdessen richtet Kant die Aufmerksamkeit auf das wahrscheinlich Einzige, was wir haben, um die Wirklichkeit der moralischen Verpflichtung nachzuweisen: das Bewusstsein von moralischen Forderungen, die wir an uns selbst erheben.

Handeln aus Achtung vor dem Gesetz

Kant verbindet seine Analyse des moralischen Bewusstseins in der *Kritik der praktischen Vernunft* zudem mit einer ausbuchstabierten Theorie der moralischen Motivation, die in der *Grundlegung* nur skizzenhaft präsent ist. Die Grundlage dieser Theorie gewinnt er dadurch, dass er zwei sich zumindest oberflächlich widerstreitende Annahmen in Einklang bringt. Auf der einen Seite behält Kant seine bereits aus der *Grundlegung* bekannte Ablehnung von sentimentalistischen Ethiken bei, nach denen wir bereits von unserer Sinnlichkeit zu moralischen Handlungen geführt werden. Auf der anderen Seite übernimmt er von sentimentalistischen Theorien, insbesondere von Hume, die Vorstellung, dass unsere moralische Handlungsmotivation wie die Handlungsmotivation überhaupt auf einem Gefühl von Lust oder Unlust beruht. Diesen Widerspruch löst Kant durch die Annahme auf, dass wir zum moralischen Handeln durch ein Gefühl gebracht werden, dass sich nicht der sinnlichen Neigung verdankt, sondern «durch einen intellectuellen Grund gewirkt wird» (KpV 5:73), d.h. allein aus Vernunft hervorgeht. Nach Kant ist es die gefühlsähnliche, aber aus Vernunft entspringende Achtung vor dem Gesetz, die uns zu moralischem Handeln bewegt.

Das von Kant als ‹Achtung› bezeichnete Gefühl zeigt sich bei näherer Betrachtung als eine Mischempfindung von Lust und Unlust. Die negative Komponente besteht in einem «Abbruch, der den Neigungen geschieht» (KpV 5:73); Unlust erwächst daraus, dass unsere sinnlichen Neigungen niedergeschlagen werden. Übertrumpft wird die Unlust jedoch von einem positiven Lustgefühl, das sich daran entzündet, dass wir unabhängig von sinnlichen Neigungen aus Vernunft handeln können. Kant vertritt damit trotz dem Einbezug eines Lustgefühls eine rationalistische Auffassung von moralischer Motivation als Gegenstück zu seiner Ansicht, dass wir nur durch die Vernunft zu moralisch richtigen Entscheidungen über unsere Handlungspläne gelangen können. Dazu passend erklärt er, dass der «Eigendünkel» (KpV 5:73) als eine der Neigung uneingeschränkt verhaftete Selbstliebe nicht zu moralischem Handeln führt; stattdessen geht das moralische Handeln auf eine «vernünftige Selbstliebe» (KpV 5:73) im Sinne der Bereitschaft zurück, den eigenen sinnlichen Neigungen durch das moralische Gesetz eine Grenze zu ziehen.

Das höchste Gut

Mit der *Kritik der praktischen Vernunft* ändert Kant nicht nur seine Argumentation gegenüber der *Grundlegung*, sondern nimmt auch eine thematische Erweiterung vor. Bereits in der Vorrede zur *Kritik der praktischen Vernunft* hebt Kant hervor, dass sich ausgehend von seinem neuen Verständnis von moralischem Gesetz und Freiheit auch die Ideen von Gott und Unsterblichkeit plausibilisieren lassen. Während sich die Analytik mit der *Grundlegung* thematisch überschneidet, fügt Kant der *Kritik der praktischen Vernunft* eine Dialektik hinzu, in der die objektive Realität der Ideen von Gott und Unsterblichkeit aus einem «Bedürfnis der reinen Vernunft» (KpV 5:4) hergeleitet wird. Dabei entspringt die «Dialektik der reinen praktischen Vernunft» – wie die Dialektik innerhalb der *Kritik der reinen Vernunft* – daraus, dass die Vernunft eine Totalität von Bedingungen zu erreichen versucht. Gemeint ist mit der gesuchten Totalität nun jedoch «die Totalität des Gegenstandes der reinen praktischen Vernunft» (KpV 5:108), die Kant mit dem Begriff des höchsten Gutes gleichsetzt. Dieser Begriff steht auch im Mittelpunkt der Antinomie der praktischen Vernunft, mit der jedoch in Frage gestellt wird, ob es das höchste Gut geben kann. Dabei zeigt die Auflösung der Antinomie, dass das höchste Gut letztlich doch möglich ist. Allerdings gibt es zwei Postulate, auf die wir uns stützen müssen, um an der Möglichkeit des höchsten Gutes festhalten zu können. Nach Kant können wir vernünftigerweise nur dann nach dem höchsten Gut streben, wenn wir an die Unsterblichkeit der Seele und die Existenz Gottes glauben.

Was aber versteht Kant unter dem höchsten Gut? Zunächst weist Kant auf eine Zweideutigkeit im Begriff des Höchsten hin, der entweder ‹das Oberste› oder ‹das Vollendete› bedeutet: «Das erstere ist diejenige Bedingung, die selbst unbedingt, d. i. keiner andern untergeordnet, ist (*originarium*); das zweite dasjenige Ganze, das kein Theil eines noch größeren Ganzen von derselben Art ist (*perfectissimum*)» (KpV 5:110). Dabei wurde die unbedingte Bedingung des praktischen Gutes bereits in der Analytik der reinen praktischen Vernunft mit dem kategorischen Imperativ identifiziert. Ausgehend davon betrachtet Kant das oberste Gut als die Tugend im Sinne der Gesinnung, nach dem kategorischen Imperativ zu handeln. Mit dieser liegt jedoch nur das oberste und noch nicht das «ganze und vollendete Gut» (KpV 5:110) vor. Entsprechend ist Kants weiteres Vorgehen an der Frage orientiert, worin das ganze höchste Gut besteht.

Als endliche Wesen, die auch sinnlich bestimmt sind, gehört es zu unserer Natur, nach Glückseligkeit zu streben. Da uns die Vernunft ein unbedingtes Prinzip des Handels auferlegt, wir aber auch ein Bedürfnis nach Glückseligkeit besitzen, besteht das ganze höchste Gut für uns in einem Zusammenhang von Tugend und Glückseligkeit: «Denn der Glückseligkeit bedürftig, ihrer auch würdig, dennoch aber derselben nicht theilhaftig zu sein, kann mit dem vollkommenen Wollen eines vernünftigen Wesens, welches zugleich alle Gewalt hätte, wenn wir uns auch nur ein solches zum Versuche denken, gar nicht zusammen bestehen» (KpV 5:110). Wie Kant hier zu verstehen gibt, stellt es für die Vernunft etwas Skandalöses dar, wenn die Tugend in nur einem zufälligen Verhältnis mit der Glückseligkeit steht und es möglich ist, dass wir ohne Glückseligkeit zu erlangen dem moralischen Gebot folgen. Dagegen fordert die Vernunft, dass es eine Proportion zwischen Tugend und Glückseligkeit gibt (KpV 5:110), sodass ein bestimmter Betrag an Tugend einen angemessenen Betrag an Glückseligkeit zur Folge hat und die tugendhafte Person in den Genuss der Glückseligkeit kommt.

Weil die Vernunft eine Proportionierung von Glückseligkeit

und Tugend fordert, erkennt Kant sogar eine Pflicht darin, das höchste Gut zu befördern. So schreibt er: «Es ist a priori (moralisch) nothwendig, das höchste Gut durch Freiheit des Willens hervorzubringen» (KpV 5:113). Da eine menschliche Welt ohne proportionierten Zusammenhang zwischen Tugend und Glückseligkeit vernunftwidrig wäre, muss der Zweck, das höchste Gut herbeizuführen, laut Kant als eine Pflicht betrachtet werden.[18] Nun ist aber die Pflicht zur Verwirklichung des höchsten Gutes verantwortlich dafür, dass die Antinomie der praktischen Vernunft zustande kommt. Vergegenwärtigt man sich die Antinomie, so fällt zunächst auf, dass ihre Struktur im Vergleich mit anderen von Kant vorgestellten Antinomien in vielerlei Hinsicht unklar ist – so werden z. B. These und Antithese nicht deutlich identifiziert (zu den Schwierigkeiten der Antinomie: Beck 1974, Kap. 13, Watkins 2010). Der Kern der Antinomie besteht aber darin, dass wir das höchste Gut als möglich betrachten müssen, da es «ein a priori nothwendiges Object unseres Willens ist» (KpV 5:114), während es zugleich als unmöglich erscheint, weil es in der Natur kein Tugend und Glückseligkeit miteinander verbindendes Gesetz gibt. Wäre aber das höchste Gut nicht möglich, so würde sich auch das Gebot, es zu befördern, als falsch herausstellen (KpV 5:113 f.).

Auflösbar ist die Antinomie, indem man sich vergegenwärtigt, dass unsere Existenz nicht auf die sinnliche Welt eingeschränkt ist. Wie schon im dritten Kapitel dargestellt, behauptet Kant in der Auflösung der dritten Antinomie der ersten *Kritik*, dass eine Kausalität durch Freiheit möglich ist, weil wir uns selbst von zwei Standpunkten aus betrachten können – entweder als Erscheinung oder als Ding an sich. Diese Lehre von den zwei Standpunkten ist uns auch in der Moralphilosophie wiederbegegnet. Ähnlich argumentiert er hier, dass wir die Möglichkeit des höchsten Gutes einräumen können, weil wir uns als moralische Wesen als zu einer intelligiblen Welt zugehörig denken müssen: «Da ich aber nicht allein befugt bin, mein Dasein auch als Noumenon in einer Verstandeswelt zu denken, sondern sogar am moralischen Gesetze einen rein intellectuellen Bestimmungsgrund meiner Causalität (in der Sinnenwelt) habe, so ist es nicht unmöglich, daß die Sittlichkeit der Gesinnung einen, wo nicht unmittelbaren, doch mittelbaren (vermittelst eines intelligibelen Urhebers der Natur) und zwar nothwendigen Zusammenhang als Ursache mit der Glückseligkeit als Wirkung in der Sinnenwelt habe» (KpV 5:114–115). Da wir intellektuell auf die Sinneswelt einwirken können, ist es nach Kant auch nicht ausgeschlossen, dass wir durch die Tugend die Glückseligkeit in der Sinneswelt hervorbringen können. Allerdings hat dies auch zur Voraussetzung, dass es einen intelligiblen Urheber gibt, der die Natur in einer Weise eingerichtet hat, die die Verwirklichung des höchsten Gutes zulässt.

Die Postulate

Auch wenn die Auflösung der Antinomie durch den Verweis auf eine intelligible Welt die Möglichkeit eröffnet, dass es das höchste Gut gibt, so bleibt diese Möglichkeit noch unbestimmt. Erst durch die Postulatenlehre erfährt sie eine engere Bestimmung, wobei einerseits zwei Bedingungen für das höchste Gut identifiziert werden und andererseits der Glauben gerechtfertigt wird, dass beide Bedingungen erfüllt sind. Diese beiden Bedingungen bestehen in der Unsterblichkeit der Seele und der Existenz Gottes. Im Einzelnen behauptet Kant, dass Unsterblichkeit eine Bedingung für die Entwicklung von Tugend und Gott eine Bedingung für das proportionierte Verhältnis von Tugend und Glückseligkeit ausmacht (KpV 5:124). Wären diese Bedingungen nicht gegeben, so ließe sich das höchste Gut nicht realisieren.

Auf der einen Seite bildet Unsterblichkeit eine Bedingung für die Tugend, weil vollständige Tugend für ein Wesen mit einer endlichen Existenz unerreichbar ist. Das Erreichen der Tugend «als *völlige Angemessenheit* der Gesinnungen zum moralischen Gesetze» erfordert einen «ins Unendliche gehenden Progressus zu jener völligen Angemessenheit» (KpV 5:122). Da dieser Fortschritt unendlich sein muss, ist er nur möglich, wenn unser Leben auch unendlich ist – und damit unter der Bedingung der Unsterblichkeit. Auf der anderen Seite ist Gott eine Bedingung für eine mit der Tugend notwendig proportionierte Glückseligkeit, weil es nicht in unserer Macht als moralische, aber zum Teil auch sinnlich bedingte Wesen steht, Tugend und Glückseligkeit in der Natur in einen notwendigen Zusammenhang zu bringen. Entsprechend bildet «das Dasein einer von der Natur unterschiedenen Ursache der gesammten Natur, welche den Grund dieses Zusammenhanges, nämlich der genauen Übereinstimmung der Glückseligkeit mit der Sittlichkeit, enthalte» (KpV 5:125), auch eine Bedingung des höchsten Gutes.

Dass die Unsterblichkeit der Seele und die Existenz Gottes Bedingungen der Möglichkeit des höchsten Gutes sind, erklärt aber noch nicht, weshalb sie den Inhalt von Postulaten bilden. Da eine Pflicht darin liegt, das höchste Gut zu verfolgen, bildet das höchste Gut einen notwendigen Zweck (KpV 5:124). Kant zufolge können wir aber einen Zweck vernünftigerweise nicht verfolgen, wenn wir zugleich davon ausgehen, dass dieser Zweck unerreichbar ist. Da die Unsterblichkeit der Seele und die Existenz Gottes Bedingungen dafür sind, dass das höchste Gut erreichbar ist, wäre es für uns unvernünftig, nach dem höchsten Gut zu streben und zugleich zu glauben, dass diese Bedingungen nicht erfüllt sind (KpV 5:124–125). Kants Auffassung besteht darin, dass wir die Existenz der unsterblichen Seele und Gottes ‹postulieren› und damit für wahr halten müssen, um unseren Zweck vernünftig zu verfolgen. Kant argumentiert also, dass die Realisierung des höchsten Gutes eine Pflicht ist und dass der Glaube an Gott sowie an unsere Unsterblichkeit rationale Erfordernisse für das Ziel darstellen, das höchste Gut herbeizuführen. Aber auch wenn Kants Argumentation für die Postulate in ihren grundlegenden Zügen transparent ist, so wird die Reichweite der Postulate immer wieder kritischer Betrachtung unterzogen.[19]

Man darf dabei nicht übersehen, dass Postulate keine theoretischen Erkenntnisse sind: «Diese Postulate sind nicht theoretische Dogmata, sondern Voraussetzungen in nothwendig praktischer Rücksicht, erweitern also zwar nicht das speculative Erkenntniß» (KpV 5:132). Um zu erklären, welche Art des Fürwahrhaltens die Postulate auszeichnet, kann man an den Begriff des ‹Vernunftglaubens› anknüpfen, mit dem Kant die Postulate charakterisiert (KpV 5:146). ‹Glauben› ist ein technischer Begriff bei Kant, den er im Kanon der reinen Vernunft in der ersten *Kritik* von anderen Formen des Fürwahrhaltens deutlich unterscheidet.[20] Im Zusammenhang mit den Postulaten ist nun der Unterschied zwischen Glauben und Wissen besonders wichtig. Kant behauptet, dass Glauben in einem ‹objektiv unzureichenden›, aber ‹subjektiv zureichenden› Fürwahrhalten besteht, während Wissen sowohl subjektiv als auch objektiv zureichend ist (KrV A822/B850). Dass Glauben objektiv unzureichend ist, bedeutet, dass wir in objektiver Perspektive über keine ausreichenden Gründe verfügen, die für die Wahrheit des Glaubensinhaltes sprechen. Auch das Fürwahrhalten im Fall der Postulate lässt sich nicht als theoretische Erkenntnis oder als Wissen betrachten, da wir keine von uns unabhängige Evidenz für ihre Wahrheit haben. Allerdings kann ein Glauben auch subjektiv zureichend sein, wenn er aus den praktischen Gründen gerechtfertigt ist, die sich aus den Zwecken einer Handlung ergeben. Ein auf diese Weise legitimiertes Fürwahrhalten liegt mit den Postulaten vor, da die Wahrheit der Postulate eine Voraussetzung für das Verwirklichen eines notwendigen Zweckes bildet, das im höchsten Gut liegt. Genau in diesem Sinn ist auch Kants bereits in der *Kritik der reinen Vernunft* enthaltene Aussage zu verstehen, dass er «das Wissen aufheben [muss], um zum Glauben Platz zu bekommen» (KrV BXXX).

5. Die Gesetzgebung der Urteilskraft: Die Kritik des Geschmacks

Mit der *Kritik der Urteilskraft* von 1790 erweitert Kant seine kritische Philosophie sowohl um eine Ästhetik des Schönen in Natur und Kunst als auch um eine Naturteleologie, mit der er die Frage verfolgt, ob sich die lebendige Natur als zweckgerichtet verstehen lässt. Die Gemeinsamkeit dieser Themen liegt darin, dass sie sich nicht auf die Natur beziehen, wie sie von der allgemeinen Gesetzgebung des Verstandes geprägt ist. Stattdessen geht es darum, welche Gesetzmäßigkeiten unserem Zugang zur Natur in ihrer Besonderheit – der konkreten Natur, wie sie sich uns in der Erfahrung erschließt – unterliegen. Besonders klar tritt das im zweiten Teil der *Kritik der Urteilskraft* vor Augen, in dem sich Kant eingehend mit der organischen Natur beschäftigt. So sind Organismen als Bausteine der lebendigen Natur dadurch ausgezeichnet, dass sie sich nur als Fälle einer internen Zweckmäßigkeit und nicht anhand des Verstandesbegriffs der Kausalität ausreichend verstehen lassen. Neben der inneren Zweckmäßigkeit von Organismen wendet sich Kant im zweiten Teil aber auch der Frage zu, ob wir eine äußere Zweckmäßigkeit annehmen dürfen, nach der die Natur im Ganzen eine durch einen Zweck vorgegebene Ordnung besitzt.

Während sich die Naturteleologie einer durch Zwecke bestimmten *materialen* Zweckmäßigkeit widmet, befasst sich die *Kritik der Urteilskraft* ansonsten mit einer *formalen* und von der Bestimmung durch einen Zweck unabhängigen Zweckmäßigkeit. Die Anwendungsbereiche des Prinzips der formalen Zweckmäßigkeit liegen dabei in der Suche nach empirischen Begriffen und Gesetzen auf der einen Seite und den Geschmacksurteilen über das Schöne auf der anderen Seite. Da die Gesetzgebung der Urteilskraft primär auf das Prinzip der formalen Zweckmäßigkeit bezogen ist, wenden wir uns hier allein diesem

Prinzip und seinen Anwendungsfällen zu. Dabei wird ersichtlich, in welchen Zusammenhang die Theorie des Geschmacksurteils im ersten Hauptteil mit der in der Einleitung der *Kritik der Urteilskraft* erörterten Theorie von empirischen Gesetzen tritt.

Das Prinzip der Zweckmäßigkeit

In der Einleitung zur *Kritik der Urteilskraft* ordnet Kant den als ‹Gemütsvermögen› bezeichneten geistigen Grundfähigkeiten von Erkenntnisvermögen, Gefühl der Lust und Unlust und Begehrungsvermögen die Gesetzgebungen des Verstandes, der Urteilskraft und der Vernunft zu. Damit bringt er zum Ausdruck, dass – wie der Verstand mit den Kategorien und die praktische Vernunft mit dem kategorischen Imperativ – auch die Urteilskraft mit dem Prinzip der Zweckmäßigkeit über ein apriorisches Prinzip verfügt. Dabei spielt der Umstand eine besondere Rolle, dass dieses Prinzip in der Ästhetik im Sinne der Theorie des Schönen, aber nicht nur dort zum Tragen kommt.

Der allgemeine Ausgangspunkt von Kants Überlegungen besteht darin, dass es einen besonderen Gebrauch der Urteilskraft gibt, der sich auf das Prinzip der Zweckmäßigkeit stützt. Generell versteht Kant unter der Urteilskraft «das Vermögen, das Besondere als enthalten unter dem Allgemeinen zu denken» (KU 5:179). Als ‹unter dem Allgemeinen enthalten› kann das Besondere dabei in zwei verschiedenen Weisen gedacht werden, bei denen die Urteilskraft entweder eine bestimmende oder eine reflektierende Rolle einnimmt. Bestimmend ist die Urteilskraft, wenn das Allgemeine gegeben ist und das Besondere darunter subsumiert wird; reflektierend ist die Urteilskraft, insofern «nur das Besondere gegeben [ist], wozu sie das Allgemeine finden soll» (KU 5:179). Die *Kritik der Urteilskraft* folgt dabei in ihrer Einleitung wie auch in ihren beiden Hauptteilen zu Ästhetik und Naturteleologie der These, dass der reflektierende Gebrauch der Urteilskraft im Schluss vom Besonderen auf das Allgemeine am Prinzip der Zweckmäßigkeit ausgerichtet ist. Unter ‹dem Besonderen› versteht Kant dabei insbesondere wahrgenommene Gegenstände, für die nach einem allgemeinen Begriff gesucht wird. Die Reflexion kann sich aber auch auf die Suche nach allgemeineren Begriffen zu vorhandenen Begriffen oder nach Gesetzen zu in der Natur beobachteten regelmäßigen Abläufen richten.

Da sich die *Kritik der Urteilskraft* in ihren Hauptteilen mit der Theorie des Schönen und unserem Verständnis der lebendigen Natur befasst, mag es zunächst verwundern, dass sich die Einleitung auf größerem Raum mit einem Problem der theoretischen Philosophie befasst. Erst bei näherem Hinsehen wird klar, wie Kant ausgehend von der theoretischen Philosophie einen Bogen zur Theorie des Schönen spannt. Das leitende Thema der Einleitung bildet die Frage danach, wie wir empirische Gesetze ausfindig machen können. Nach den Ergebnissen der *Kritik der reinen Vernunft* steht die Natur unter allgemeinen Gesetzen, nach denen es beispielsweise der Fall ist, dass alle Veränderungen eine Ursache haben. Wie Kant nun aber hervorhebt, ist es möglich, dass die Natur in «specifisch-verschiedene Naturen» auseinanderfällt, die «auf unendlich mannigfaltige Weise Ursachen sein können» (KU 5:183). Eine Natur mit unbegrenzt diversen empirischen Gesetzen stellt jedoch ein unüberwindliches Hindernis für die menschliche Suche nach Naturgesetzen dar. Im Hintergrund steht Kants Auffassung, dass Gesetze Notwendigkeit voraussetzen und wir regelmäßigen Abläufen in der Natur nur dann Notwendigkeit zusprechen können, wenn sie sich in ein ‹System der empirischen Gesetze› eingliedern lassen. Der zugrunde liegende Gedanke lautet hierbei, dass wir uns durch eine Systematisierung von Gesetzesbehauptungen einem in der empirischen Natur wirklich vorhandenem System von Gesetzen annähern. Gibt es in der Natur jedoch anstelle eines Systems nur eine unbeschränkte Vielfalt von notwendigen Gesetzen, so können wir, wie Kant feststellt, «nach der Beschaffenheit und den Schranken unserer Erkenntnißvermögen diese Nothwendigkeit gar nicht einsehen» (KU 5:183). In diesem Fall wäre, wie Kant auch schreibt, «die specifische Verschiedenheit der empirischen Gesetze der Natur sammt ihren Wirkungen dennoch so groß […], daß es für unseren Verstand unmöglich wäre, in ihr eine faßliche Ordnung zu entdecken» (KU 5:185).

Auch wenn ein solches Szenario möglich ist, dürfen wir nach Kant dennoch nicht davon ausgehen, dass die erfahrbare Natur in miteinander unverbundene Gesetze auseinanderfällt. Ihm zufolge müssen wir unterstellen, dass es eine systematische Einheit von Gesetzen gibt, da wir sonst gänzlich außerstande wären, den Gesetzen auf die Spur zu kommen. Die Annahme, dass die Natur ein System von empirischen Gesetzen bildet, bezeichnet Kant als das Prinzip der formalen Zweckmäßigkeit. Formal ist diese Zweckmäßigkeit, da es nicht um materiale Zwecke geht, nach denen die Natur eingerichtet ist; mit dem Prinzip nehmen wir lediglich an, dass sich die Natur – aus welchen Gründen auch immer – *zweckmäßig gegenüber unserem Verstand* verhält und eine «Zusammenstimmung der Natur zu unserem Erkenntnißvermögen» (KU 5:185) vorliegt. Dem Kernargument zufolge ist es objektiv zufällig, aber aufgrund des Bedürfnisses des Verstandes subjektiv notwendig, dass die Natur über eine gesetzliche Einheit verfügt. Da wir ohne eine nach einem System von empirischen Gesetzen beschaffene Natur keine einzelnen Gesetze ausfindig machen können, ist die Urteilskraft auf die Annahme angewiesen, dass sich die Gegenstände der Natur den Erkenntniszwecken des menschlichen Verstandes gemäß verhalten (KU 5:182–184).

Wichtig ist jedoch, dass dieses Prinzip lediglich einen ‹unbestimmten› Gesichtspunkt für die Systematisierung unserer Erfahrung der Natur liefert. Kant stellt damit nicht in Abrede, dass die wissenschaftliche Erkenntnis einen Unterbau in Erfahrungsurteilen besitzt, durch die Gegenstände bestimmt werden. Dieser Linie folgend, hebt Kant hervor, dass die Urteilskraft «nur in subjektiver Hinsicht» über das Prinzip der Zweckmäßigkeit verfügt, was ihm zufolge bedeutet, dass sie «nicht der Natur (als Autonomie), sondern ihr selbst (als Heautonomie) für die Reflexion über jene, ein Gesetz vorschreibt» (KU 5:185 f.). Im Unterschied zu den anderen apriorischen Prinzipien kommt also dem Prinzip der Urteilskraft in der Suche nach empirischen Gesetzen statt einer konstitutiven lediglich eine regulative Funktion zu. Mit dem Prinzip der Zweckmäßigkeit bringen wir keine notwendigen Eigenschaften der Natur zum Ausdruck, sondern machen lediglich eine Perspektive namhaft, in der wir die Natur im Ganzen betrachten müssen. Entsprechend bezeichnet Kant die Urteilskraft als ‹heautonom›, weil sie lediglich ihrem eigenen Gebrauch ein Gesetz gibt.

Man kann jedoch die Frage stellen, ob diese Herleitung des Prinzips der Zweckmäßigkeit der Natur für unser Erkenntnisvermögen tatsächlich den Titel einer Deduktion verdient. Schließlich hat eine Deduktion nach Kant den Nachweis von objektiver Gültigkeit zum Ziel, das Prinzip der Zweckmäßigkeit ist jedoch nur subjektiv gültig. Zwar verpflichtet uns das Zweckmäßigkeitsprinzip auf ein bestimmtes Naturverständnis; allerdings bleibt unsicher, ob die Natur tatsächlich diesem Verständnis entspricht – nicht zuletzt deshalb, weil sich die Gültigkeit des Prinzips der Zweckmäßigkeit der Natur nicht auf Anschauung stützen lässt. Überraschenderweise liefert jedoch die anschauliche Wahrnehmung des Schönen eine Art von Beleg dafür, dass die Natur für das menschliche Erkenntnisvermögen zweckmäßig beschaffen ist. Eine Voraussetzung besteht darin, dass das Prinzip der Zweckmäßigkeit nicht nur für die Suche nach empirischen Gesetzen, sondern auch nach empirischen Begriffen zuständig ist. Dabei müssen wir unterstellen, dass empirische Gegenstände über Merkmale verfügen, die sie mit anderen empirischen Gegenständen teilen, da sie sonst nicht unter allgemeine Begriffe gebracht werden können (Log 9:95). Eine Vorbedingung besteht darin, dass die Teile eines einzelnen Gegenstands nicht disparat sind, sondern über eine Regelmäßigkeit verfügen, die die Abstraktion von Merkmalen erlaubt (EE 20:211 f. Fn.).

Die Ästhetik kommt dabei ins Spiel, weil wir in der Wahrnehmung des Schönen vermittelt durch ein Gefühl überraschenderweise darauf aufmerksam werden, dass ein Gegenstand eine solche Übereinstimmung in seinen Teilen besitzt. Dieser Sachverhalt steht Kant vor Augen, wenn er erklärt, dass das Prinzip der formalen Zweckmäßigkeit in der Naturforschung «nur als regulatives Princip des Erkenntnißvermögens» fungiert, während es «ein constitutives Princip» (KU 5:197) für das in der ästhetischen Beurteilung aufkommende Gefühl der Lust ist. Da wir uns innerhalb dieses Buchs auf die Gesetzgebungen der Vermögen und die ihnen unterliegenden apriorischen Prinzipien konzentrieren, gehen wir an dieser Stelle nur auf Kants Theorie des Geschmacksurteils über das Schöne in der Natur ein, in dem das Prinzip der formalen Zweckmäßigkeit einen Anspruch auf allgemeine Geltung begründet. Nicht behandelt werden dabei andere Themen aus seiner Ästhetik wie das Erhabene und das Kunstschöne, obgleich diese auch große Aufmerksamkeit verdienen.

Ästhetische Interesselosigkeit

In der «Kritik der ästhetischen Urteilskraft», dem ersten Teil der *Kritik der Urteilskraft*, geht Kant vor allem den Fragen nach, was unsere Urteile über das Schöne auszeichnet und wodurch sie gerechtfertigt sind. Eröffnet wird der Haupttext der Kritik der ästhetischen Urteilskraft mit der Analytik des Schönen, in der Kant vier ‹Momente des Geschmacksurteils› präsentiert, unter denen er Leitbestimmungen des Diskurses über das Schöne versteht. Die Untersuchung folgt dabei der Frage, was Geschmacksurteile über das Schöne von anderen Urteilstypen unterscheidet. Unter Geschmacksurteilen über das Schöne sind dabei Urteile zu verstehen, mit dem wir von einem einzelnen Gegenstand aussagen, dass er schön ist, etwa: ‹diese Rose ist schön›.

Die Analytik des Schönen setzt mit der Feststellung ein, dass Geschmacksurteile anhand eines Lustgefühls gebildet werden: «Um zu unterscheiden, ob etwas schön sei oder nicht, beziehen wir die Vorstellung nicht durch den Verstand auf das Object zum Erkenntnisse, sondern durch die Einbildungskraft (vielleicht mit dem Verstande verbunden) auf das Subject und das Gefühl der Lust oder Unlust desselben» (KU 5:203). Demnach werden Geschmacksurteile dadurch gebildet, dass die Vorstellung eines Gegenstands daraufhin geprüft wird, ob sie eine Lust bewirkt. Anders als bei Erkenntnisurteilen wird durch diese «Beziehung der Vorstellungen [...] auf das Gefühl der Lust und Unlust» jedoch «gar nichts im Objecte bezeichnet»; geprägt ist sie nur davon, wie «das Subject [...] sich selbst fühlt» (KU 5:204). Damit behauptet Kant, dass sich Geschmacksurteile insofern von Erkenntnisurteilen unterscheiden, als sie ‹ästhetisch› sind, d.h., als ihr Bestimmungsgrund in einem Lustgefühl liegt.

Auch wenn sich Kant der im 18. Jahrhundert populären Gefühlstheorie des Schönen anschließt, so rückt bei ihm die Abgrenzung der Lust am Schönen von anderen Arten der Lust in den Vordergrund. Ein wichtiges Unterscheidungsmerkmal besteht darin, dass das Wohlgefallen am Schönen anders als die anderen Arten des Wohlgefallens nicht aus einem Interesse resultiert. Zwar ist die Interesselosigkeit des Schönen bereits zu Kants Zeit ein bekannter Topos in der Literatur, für Kant bildet sie jedoch einen Ausgangspunkt für eine umfassende Analyse unserer Urteile über das Schöne. Einem Gegenstand wenden wir uns nach Kant interesselos zu, wenn wir ihn weder aus sinnlicher Empfindung noch aus Vernunft begehren. Kant hält es für transparent, dass das Begehren nach einer Sache nicht dem Zustand entspricht, aus dem das Wohlgefallen am Schönen hervorgeht – in diesem geht es stattdessen darum, «wie wir sie [die Sache] in der bloßen Betrachtung (Anschauung oder Reflexion) beurtheilen» (KU 5:204). Unterschieden wird die Lust am Schönen damit von der Lust am Angenehmen, die sich durch den Genuss eines Gegenstandes oder die Erwartung des Genusses einstellt, und der Lust am Guten, bei der ein Gegenstand deshalb gefällt, weil er entweder zu etwas anderem oder in sich selbst gut ist.

Anhand der Unterscheidung vom Wohlgefallen am Angenehmen und am Guten lässt sich außerdem erschließen, woraus die Lust am Schönen nicht resultiert. Während laut Kant angenehm ist, «was den Sinnen in der Empfindung gefällt» (KU 5:205), wird als gut bezeichnet, «was vermittelst der Vernunft durch den bloßen Begriff gefällt» (KU 5:207). Die sich aus sinnlicher Empfindung ergebende Neigung oder die auf Begriffe zurückgehende Achtung scheiden nach Kant aus, da sie «uns keine Freiheit [lassen], uns selbst irgend woraus einen Gegenstand der Lust zu machen» (KU 5:210). Besitzen wir ein Interesse an einem Gegenstand, so können wir uns nicht in den für die Wahrnehmung des Schönen ausschlaggebenden Zustand der «Kontemplation» (KU 5:209) versetzen. Auch wenn Kant aus der Interesselosigkeit nur negative Charakterisierungen der Lust am Schönen gewinnt, so ist doch einsichtig, dass der Geschmack am Schönen von ganz anderer Art ist als der Sinnengeschmack, der sich auf die Befriedigung sinnlicher Bedürfnisse richtet, oder auch als der sittliche Geschmack, der dem moralisch Gebotenen folgt.

Subjektive Allgemeinheit

Demgegenüber macht Kant mit der Allgemeinheit als zweitem Moment des Schönen auf ein Merkmal aufmerksam, durch das vor allem der Unterschied zwischen der Lust am Schönen und der am Angenehmen hervortritt. Betrachtet jemand einen schönen Gegenstand mit Wohlgefallen, so kann er ihn laut Kant «nicht anders als so beurtheilen, daß es einen Grund des Wohlgefallens für jedermann enthalten müsse» (KU 5:211). Da auch das Wohlgefallen am Guten allgemein ist, weil es aus Begriffen entspringt, lässt sich das Wohlgefallen am Schönen durch den Anspruch auf Allgemeinheit zunächst nur vom Wohlgefallen am Angenehmen abgrenzen. Entsprechend wendet sich Kant an dieser Stelle vor allem gegen empiristische Ästhetiken, die die Lust am Schönen auf eine besondere Art von sinnlicher Neigung zurückführen. Nach seinem Argument werden diese nicht dem Umstand gerecht, dass wir Urteile über das Schöne mit einem Anspruch auf Allgemeinheit vertreten. Während ein Sprecher mit einem Urteil über das Angenehme nur etwas über die eigene Person behaupten kann, verhält es sich bei Urteilen über das Schöne anders: «Es wäre […] lächerlich, wenn jemand, der sich auf seinen Geschmack etwas einbildete, sich damit zu rechtfertigen gedächte: dieser Gegenstand […] ist *für mich* schön. Denn er muß es nicht *schön* nennen, wenn es bloß ihm gefällt» (KU 5:212). Der Anspruch auf Allgemeinheit kommt darin zum Vorschein, dass die Aussage ‹dieser Gegenstand ist für mich schön› anders als ‹dieser Gegenstand ist für mich angenehm› gegen unseren Sprachgebrauch verstößt. Entsprechend können

Urteile über das Schöne nicht dem Grundsatz «*ein jeder hat seinen eigenen Geschmack*» (KU 5:212) folgen, da wir im Disput die Zustimmung anderer ‹fordern› und diese ‹tadeln› (KU 5:213), wenn sie sich nicht unserem Urteil anschließen.

Allerdings unterscheidet sich die Allgemeinheit eines ästhetischen Urteils über das Schöne auch von der objektiven Allgemeinheit eines Erkenntnisurteils, weil sie lediglich subjektiv ist. Gemeint ist damit, dass sich die subjektive Allgemeinheit eines Geschmacksurteils auf ein von allen geteiltes Lustgefühl bezieht, während die objektive Allgemeinheit eines Erkenntnisurteils auf Begriffen beruht, mit denen wir auf ein Objekt Bezug nehmen.

Auf diesem Weg erschließt Kant aus der Verwendungsweise des Prädikats des Schönen einen weiteren grundlegenden Sachverhalt: Bezeichnet ein Sprecher einen Gegenstand als schön, «so muthet er andern eben dasselbe Wohlgefallen zu: er urtheilt nicht bloß für sich, sondern für jedermann» (KU 5:212). Damit gehen wir davon aus, dass wir uns zu Recht über die Schönheit von Gegenständen streiten und dass es eine richtige Antwort auf die Frage gibt, ob ein Gegenstand schön ist. Wendet man sich ohne Interesse einem Gegenstand zu und nimmt ihn dennoch mit einer Lust wahr, so müssen nach Kants Argumentation auch alle anderen eine Lust empfinden, die dem Gegenstand interesselos begegnen.[21] Gleichwohl kann der Anspruch auf Allgemeingültigkeit als rätselhaft erscheinen, da der Bezugspunkt von Geschmacksurteilen über das Schöne in einem Lustgefühl und nicht wie bei Erkenntnisurteilen in einem begrifflich bestimmbaren Gegenstand liegt. Deshalb drängt sich die Frage auf, inwiefern ein Lustgefühl, das nicht aus der Anwendung von Begriffen resultiert, von allen geteilt werden kann.

Harmonie der Erkenntnisvermögen

Die Antwort findet sich im § 9 der *Kritik der Urteilskraft*, der bereits die wichtigsten Elemente von Kants Theorie des Schönen enthält. Auch ohne auf alle Details einzugehen, lässt sich anhand dieses Abschnitts nachvollziehen, wie die Struktur des

Geschmacksurteils beschaffen ist und weshalb wir die Zustimmung aller für ein Geschmacksurteil einzufordern berechtigt sind. Den «Schlüssel zur Kritik des Geschmacks» sieht Kant in der Auflösung der bereits in der Überschrift des Paragrafen angeführten Frage, «ob im Geschmacksurtheile das Gefühl der Lust vor der Beurtheilung des Gegenstandes, oder diese vor jener vorhergehe» (KU 5:216). Tatsächlich lässt sich die Frage nach Kant messerscharf entscheiden: Würde die Beurteilung der sinnlichen Empfindung des Gegenstands unmittelbar nachfolgen, so fiele die Lust mit der Lust am Angenehmen zusammen. Da verschiedene Subjekte sich aber darin unterscheiden, was ihnen in der sinnlichen Empfindung Lust bereitet, könnte eine solche Lust «ihrer Natur nach nur Privatgültigkeit haben» (KU 5:217). Gerechtfertigt ist der mit dem Geschmacksurteil über das Schöne erhobene Anspruch auf Allgemeinheit nur dann, wenn sich die Lust bereits aus einem allgemein mitteilungsfähigen Gemütszustand ergibt. Weil nach Kant jedoch «nichts allgemein mitgetheilt werden [kann] als Erkenntniß» (KU 5:217), muss die Lust am Schönen durch einen Gemütszustand zustande kommen, der grundlegende Bedingungen für Erkenntnis erfüllt. Demnach ist erforderlich, dass es einen der Lust vorausgehenden und diese erst verursachenden Akt der Beurteilung gibt, der in einigen wichtigen Aspekten einem Erkenntnisurteil ähnelt.

Um Missverständnissen vorzubeugen, müssen an dieser Stelle zwei in Kants Theorie des Geschmacksurteils involvierte Urteilsakte unterschieden werden: Zwar bilden wir ein Geschmacksurteil dadurch, dass wir einen einzelnen Gegenstand daraufhin beurteilen, ob er die Lust am Schönen hervorruft. Das Kriterium besteht dabei darin, ob sich eine vorhandene Lust der interesselosen Betrachtung des Gegenstands verdankt. Es gibt aber einen anderen Akt des Urteilens in der Reflexion auf die sinnliche Vorstellung eines besonderen Gegenstands, der der Bildung des Geschmacksurteils vorangeht und aus dem sich die Lust am Schönen erst ergibt.[22] Kants weiteres Vorgehen im § 9 ist an der Frage ausgerichtet, welche Gestalt diese primäre – und von Kant in Anlehnung an die Theorie der reflektierenden Urteilskraft auch als ‹Reflexion› bezeichnete – Beurteilung besitzt. Gesucht wird also eine auf Erkenntnis bezogene Grundlage, die die Mitteilbarkeit der Lust am Schönen begründet und durch die sie sich von der Lust am Angenehmen unterscheidet.

Eine Schwierigkeit besteht jedoch darin, dass der die allgemeingültige Lust am Schönen verursachende Gemütszustand mit dem Zustand von Erkenntnis in wesentlichen Zügen übereinkommen muss, ohne dabei mit der Anwendung bestimmter Begriffe einherzugehen. Kants maßgebliche Idee besteht nun darin, dass er die Lust am Schönen auf eine ‹Harmonie der Erkenntnisvermögen› zurückführt, mit der eine Vorbedingung von Erkenntnis erfüllt ist. In seinen Worten tritt die Harmonie der Erkenntnisvermögen ein, wenn sich die Erkenntnisvermögen von «Einbildungskraft für die Zusammensetzung des Mannigfaltigen der Anschauung und Verstand für die Einheit des Begriffs, der die Vorstellungen vereinigt», im «Zustand eines freien Spiels» (KU 5:217) befinden. Dieser Zustand ist dadurch charakterisiert, dass die Erkenntniskräfte im passenden Verhältnis für «Erkenntniß überhaupt» (KU 5:217) stehen und zugleich «kein bestimmter Begriff sie auf eine besondere Erkenntnißregel einschränkt» (KU 5:217). Mitteilbar ist die Harmonie der Erkenntnisvermögen dabei auch «ohne einen Begriff vom Gegenstande» (KU 5:217), weil sie nach der Erklärung Kants das «zum Erkenntniß überhaupt schickliche subjective Verhältniß» (KU 5:218) der Erkenntnisvermögen enthält. In anderen Worten: Kant bestimmt die Harmonie der Erkenntnisvermögen dadurch als einen mitteilbaren Gemütszustand, dass sie auch ohne bestimmte Begriffe wichtige Bedingungen für Erkenntnis erfüllt.

In der erst aus dem Nachlass vollständig publizierten *Ersten Einleitung in die Kritik der Urteilskraft* geht Kant noch etwas genauer darauf ein, worin die Zusammenstimmung der Erkenntniskräfte im Fall des Schönen besteht. Dort erklärt er, dass die Lust am Schönen eine Grundlage in einer «bloßen Reflexion» (EE 20:220) besitzt. Dabei «stimmen in der bloßen Reflexion Verstand und Einbildungskraft wechselseitig zur Beförderung ihres Geschäfts zusammen» (EE 20:220), wenn die Anschauung eines Objekts so beschaffen ist, «daß die Auffassung des Mannigfaltigen desselben in der Einbildungskraft mit der Darstellung eines Begriffs des Verstandes (unbestimmt welches Begriffs) übereinkommt» (EE 20:220). Demnach gehört es zur Harmonie der Erkenntnisvermögen, dass Anschauungen ohne Darstellung spezifischer Begriffe in einer generell für die Darstellbarkeit von Begriffen durch die Urteilskraft geeigneten Weise zusammengesetzt sind.

Eine klare Bedeutung besitzt in diesem Zusammenhang auch die zunächst nur metaphorisch erscheinende Rede vom freien Spiel. Harmonisch und wechselseitig belebend ist die Zusammenstimmung der Erkenntniskräfte nur dann, wenn die Einbildungskraft spielerisch und damit ohne Suche nach Begriffen die Anschauungen der Teile eines Gegenstandes zu einer Ordnung zusammensetzt. Die Harmonie der Erkenntnisvermögen stellt sich demnach ein, wenn die Einbildungskraft die Teilanschauungen eines Gegenstands, ohne nach Begriffen zu suchen, in einer Weise zusammensetzt, die die Anwendung von Begriffen erlaubt. Bewusst werden wir uns der «wechselseitigen subjectiven Übereinstimmung der Erkenntnißkräfte unter einander» (5:218) jedoch allein durch die Empfindung des Lustgefühls.

Zweckmäßigkeit ohne Zweck

Mit dem dritten Moment legt sich Kant die Frage vor, welche Gegenstandseigenschaften dafür verantwortlich sind, dass eine Lust am Schönen aufkommt. Kant zeigt, dass nur solche Gegenstände als schön wahrgenommen werden können, die über die Form einer ‹Zweckmäßigkeit ohne Zweck› verfügen. Allgemein liegt Zweckmäßigkeit dann vor, wenn «der Gegenstand selbst (die Form oder Existenz desselben) als Wirkung nur als durch einen Begriff von der letztern möglich gedacht wird» – wenn also der Begriff eines Zwecks als Ursache der Beschaffenheit oder Wirklichkeit eines Gegenstands fungiert. Ist das der Fall, so «denkt man sich einen Zweck» (KU 5:220) und einen Willen, der für die Hervorbringung des Gegenstands anhand des Zweckbegriffs verantwortlich war. Allerdings lassen sich nach Kant auch Phänomene beobachten, die zwar zweckähnlich strukturiert sind, deren Beschaffenheit aber nicht durch eine zweckhafte Hervorbringung erklärt werden kann: «Die Zweckmäßigkeit kann also ohne Zweck sein, sofern wir die Ursachen dieser Form nicht in einem Willen setzen» (KU 5:220). Demnach gibt es eine Art von Zweckmäßigkeit, die nicht auf der Aktivität eines Willens beruht, auch wenn sie den Gedanken daran nahelegt; sie kann sich daher nur auf die Form eines Gegenstands beziehen, weil kein Zweck «als die Materie des *nexus finalis*» (KU 5:220) zugrunde gelegt werden kann. In den weiteren Abschnitten zum dritten Moment des Geschmacksurteils möchte Kant klar machen, dass diese formale Zweckmäßigkeit oder auch Zweckmäßigkeit ohne Zweck den schönen Gegenstand charakterisiert.

Da Kant den Begriff der «bloß formalen Zweckmäßigkeit» (KU 5:222) auch auf das Spiel der Erkenntniskräfte bezieht, kommt immer wieder die Ansicht auf, dass Kant mit der Formel der Zweckmäßigkeit ohne Zweck gar nicht den Gegenstand auszeichnen möchte. Dabei wird aber übersehen, dass Kant aus der Struktur unseres Gemütszustandes im freien Spiel der Erkenntniskräfte auf die Gegenstandseigenschaften schließt. Tatsächlich stellt Kant fest, dass bei nach einer begrifflichen Regel zusammengesetzten Gegenständen das freie Spiel nicht in Gang kommt. Anders ist dies bei Gegenständen, die in ihren formalen Eigenschaften eine Übereinstimmung aufweisen, die sich nicht aus einem Begriff erklären lässt. Da sich die Zweckmäßigkeit der Vorstellungen eines Gegenstandes keiner inhaltlichen Zweckbestimmung verdanken, kann es nach Kant nur «die bloße Form der Zweckmäßigkeit» (KU 5:221) sein, die das Wohlgefallen am Schönen hervorbringt. Entsprechend definiert er Schönheit als «Form der *Zweckmäßigkeit* eines Gegenstandes, sofern sie *ohne Vorstellung eines Zwecks* an ihm wahrgenommen wird» (KU 5:236).

Während es leicht einzusehen ist, dass Schönheit nicht mit der äußeren Vollkommenheit eines Gegenstands im Sinne seiner Nützlichkeit zusammenhängt, hält Kant aber die Frage für legitim, ob der Schönheit die innere Vollkommenheit eines Gegenstands zugrunde liegt. So schreibt er: «eine objective innere Zweckmäßigkeit, d.i. Vollkommenheit, kommt dem Prädicate der Schönheit schon näher und ist daher auch von namhaften Philosophen, doch mit dem Beisatze, *wenn sie verworren gedacht wird*, für einerlei mit der Schönheit gehalten worden» (KU 5:227). Daher ist es ihm zufolge «von der größten Wichtigkeit, in einer Kritik des Geschmacks zu entscheiden, ob sich auch die Schönheit wirklich in den Begriff der Vollkommenheit auflösen lasse» (KU 5:227). Kant wendet sich damit Ästhetiken wie denen von Wolff oder Baumgarten zu, die Urteile über das Schöne auf die undeutliche oder auch verworrene Vorstellung einer Vollkommenheit zurückführen. Kants Argument gegen die Vollkommenheitsästhetik lautet jedoch, dass sie nicht einsichtig machen kann, weshalb wir bei der Lust am Schönen verweilen. In der Tendenz der Wahrnehmung des Schönen, sich selbst zu erhalten, entdeckt Kant ein entscheidendes Merkmal: «Wir weilen bei der Betrachtung des Schönen, weil diese Betrachtung sich selbst stärkt und reproduziert» (KU 5:222). Wie bei der Auflösung eines Rätsels müssten schöne Gegenstände unsere Aufmerksamkeit verlieren, sobald wir die Regel herausgefunden haben, nach der sie organisiert sind. Während die empiristische Ästhetik nach Kant die Lust am Schönen der Lust am Angenehmen assimiliert, gleicht die rationalistische Ästhetik nach Kant die Lust am Schönen der Lust am Guten an, die auf der Anwendung eines Begriffs basiert.

Lässt sich in der Betrachtung von Gegenständen aber nicht davon absehen, dass sie bestimmten Zwecken dienen, so können sie nicht mehr durch ein reines Geschmacksurteil beurteilt werden. In diesem Fall kommen sie nicht als ‹freie Schönheiten›, sondern nur noch als ‹anhängende Schönheiten› in Frage, bei denen die Freiheit der Einbildungskraft durch einen Begriff «von dem […], was der Gegenstand sein soll» (KU 5:229), eingeschränkt wird. Dagegen beruht die Gestalt einer freien Schönheit weder auf dem subjektiven Zweck der Annehmlichkeit noch auf den objektiven Zwecken von Nützlichkeit oder interner Vollkommenheit. Die «Behaglichkeit [des Subjekts], eine gegebene Form in die Einbildungskraft aufzufassen», kommt stattdessen bei vielfältig und dennoch nicht chaotisch beschaffenen Gegenständen zustande, wie nach den vieldiskutierten

Beispielen Kants in der Gestalt von Blumen, Kolibris, Schaltieren, des Laubwerks auf Papiertapeten oder der Musik ohne Thema (KU 5:229).

Gemeinsinn

Mit dem vierten Moment kommt Kant darauf zurück, dass das Geschmacksurteil von einem Anspruch auf Zustimmung anderer begleitet wird: «Vom Schönen aber denkt man sich, daß es eine nothwendige Beziehung auf das Wohlgefallen habe» (KU 5:236). Es kann jedoch seltsam erscheinen, dass sich die «Nothwendigkeit der Beistimmung *aller* zu einem Urtheil» (KU 5:237) auf kein Prinzip – weder auf ein theoretisches noch auf ein praktisches – gründet, mit dem sich das Sollen im einzelnen Fall beweisen ließe. Nach Kant tritt an die Stelle eines solchen objektiven Prinzips die Idee eines Gemeinsinns, den wir voraussetzen, wann immer wir ein Urteil über das Schöne äußern. Kant begreift den Gemeinsinn als ein subjektives Prinzip, das «nur durch Gefühl und nicht durch Begriffe, doch aber allgemeingültig» (KU 5:238) darüber entscheidet, ob ein Gegenstand ein Wohlgefallen auslöst.

Weshalb ein solcher Gemeinsinn angenommen werden darf, macht Kant mit einer Überlegung deutlich, die erneut auf die Theorie der Harmonie der Erkenntnisvermögen zurückgreift. Nach Kant muss sich neben Erkenntnis «als subjective Bedingung des Erkennens» auch «der Gemüthszustand, d.i. die Stimmung der Erkenntnißkräfte zu einer Erkenntniß überhaupt» (KU 5:238), allgemein mitteilen lassen. Allerdings kann die Zusammenstimmung der Erkenntniskräfte je nach gegebenem Gegenstand «eine verschiedene Proportion» (KU 5:238) aufweisen. Dabei muss es ihm zufolge eine für die «Belebung (einer durch die andere)» der Erkenntniskräfte «zuträglichste» Proportion geben, mit der immer noch Bedingungen «in Absicht auf Erkenntniß (gegebener Gegenstände) überhaupt» (KU 5:238) erfüllt sind. Da eine solche wechselseitige Belebung aber nur dann zustande kommen kann, wenn die Einbildungskraft begriffslos spielt, können wir uns dieser Stimmung nur anhand eines Gefühls bewusst werden Der Gemeinsinn bildet in der Folge eine nicht beweiskräftig anwendbare, sondern «bloß idealische Norm» (KU 5:239), nach der man ein Geschmacksurteil und das «in demselben ausgedrückte Wohlgefallen an einem Object für jedermann mit Recht zur Regel machen» (KU 5:239) darf.

Man kann sich jedoch fragen, warum der Gemeinsinn von Kant lediglich als eine idealische Norm betrachtet wird. Schließlich argumentiert Kant in der Analytik des Schönen insgesamt dafür, dass eine Lustempfindung aus der Harmonie der Erkenntnisvermögen entstammen muss, wenn wir dem mit Lust wahrgenommenen Gegenstand gegenüber interesselos sind. Der Grund mag darin bestehen, dass wir mit der Interesselosigkeit nur über ein negatives und kein positives Kriterium dafür verfügen, dass eine empfundene Lust aus der Harmonie der Erkenntnisvermögen resultiert. Außerdem ist die Irrtumsmöglichkeit nach Kant besonders groß, da wir uns leicht darüber täuschen können, ob wir einen Gegenstand tatsächlich uninteressiert betrachten. Dies bringt Kant etwa mit der Bemerkung zum Ausdruck, dass jemand auf den Anspruch auf Allgemeingültigkeit unter den Bedingungen der Absonderung des Angenehmen und Guten «auch berechtigt sein würde, wenn er nur wider sie nicht öfter fehlte und darum ein irriges Geschmacksurteil fällte» (KU 5:216).

Darstellung eines unbestimmten Begriffs

Mit den vier Momenten von Interesselosigkeit, Allgemeinheit, Zweckmäßigkeit ohne Zweck und Notwendigkeit versammelt Kant bereits die leitenden Gesichtspunkte seiner Theorie des Geschmacksurteils. Das zeigt sich auch darin, dass er die spätere Deduktion in § 38 auf Annahmen stützt, die bereits in der Analytik des Schönen eine Rolle spielen (KU 5:290 Fn.). An dieser Stelle soll jedoch nicht die von Kant trotz ihrer Einfachheit ausführlich vorbereitete Deduktion nachgezeichnet werden. Stattdessen soll eine Frage angesprochen werden, mit der sich auch ein Bogen zurück zur Einleitung der *Kritik der Urteilskraft* schlagen lässt: Schreibt Kant der Harmonie der Erkenntnisvermögen tatsächlich keinen Begriffsbezug zu?

Kants Aussagen über den Begriffsbezug der Wahrnehmung des Schönen hat verschiedene Deutungen erfahren. Einer verbreiteten Deutung zufolge ist Kant der Meinung, dass im freien Spiel zwar kein bestimmter Begriff, stattdessen aber unbestimmt viele Begriffe zur Anwendung kommen (in diese Richtung geht u.a. Allison 2001, 171). Unter dieser Voraussetzung ließe sich auch eine Verbindung zur Ästhetik der Gegenwart herstellen, in der ästhetische Objekte dadurch charakterisiert werden, dass sie sich nicht unter eine einzige, sondern unter unabschließbar viele Beschreibungen bringen lassen. Diese Deutung kann sich zum Beispiel auf Kants Formulierung stützen, nach der das Wohlgefallen am Schönen «von der Reflexion über einen Gegenstand, die zu irgend einem Begriffe (unbestimmt welchem) führt» (KU 5:207), abhängt (KU 5:244, EE 20:220). Dies wird dabei so verstanden, dass an der Harmonie der Erkenntnisvermögen unbestimmt viele zumindest potentiell gegenstandsbestimmende Begriffe beteiligt sind.

Bei näherem Hinsehen erweist sich diese Lesart jedoch als falsch. Interpretationen, nach denen die Harmonie der Erkenntnisvermögen lediglich Vorbedingungen für Begriffe erfüllt, können sich auf Kants Aussagen berufen, dass die Vermögen «vor allem Begriffe» (EE 20:233; vgl. KU 5:192, 5:289, EE 20:243) betrachtet werden und ihr Verhältnis «keinen Begriff zum Grunde legt» (KU 5:219; vgl. KU 5:221, 5:229, EE 20:233, 20:248). Tatsächlich siedelt Kant die Harmonie der Erkenntnisvermögen auf der Ebene einer ‹bloßen Reflexon› an, d.h. einer Reflexion ohne Begriffe. In der bloßen Reflexion findet die Einbildungskraft lediglich eine Übereinstimmung in den Teilanschauungen eines einzelnen Gegenstandes auf, ohne nach einem auch auf andere Gegenstände anwendbaren Begriff zu suchen (Henrich 1992 und Guyer 2005).

Es lässt sich aber die Frage stellen, wie eine solche vorbegriffliche Reflexion zu Kants allgemeiner Charakterisierung der reflektierenden Urteilskraft passt, nach der diese nach allgemeinen Begriffen zu gegebenem Besonderen sucht. Diese Beschreibung scheint nahezulegen, dass es keine Reflexion ohne den Bezug auf Begriffe gibt. Gibt es also vielleicht doch einen Begriff, den die Harmonie der Erkenntnisvermögen zur Darstellung bringt? Tatsächlich gibt es auch eine Interpretationsmöglichkeit, nach der die Harmonie der Erkenntnisvermögen auf einen Begriff bezogen ist, auch wenn es sich dabei weder um einen einzelnen bestimmten noch um unbestimmt viele Begriffe für einen Gegenstand handelt. Dargestellt wird durch die Harmonie der Erkenntnisvermögen stattdessen ein unbestimmter Begriff. Dies steht Kant vor Augen, wenn er schreibt: «so können wir die Naturschönheit als Darstellung des Begriffs der formalen (bloß subjectiven) [...] Zweckmäßigkeit ansehen», deren wir «durch Geschmack (ästhetisch, vermittelst des Gefühls der Lust)» (KU 5:193) bewusst werden Der zugrunde liegende Gedanke besteht darin, dass uns ein Gegenstand, den wir, ohne nach Begriffen zu suchen, als zweckmäßig für den Gebrauch von Begriffen wahrnehmen, einen Hinweis darauf liefert, dass die Natur insgesamt zweckmäßig beschaffen ist. Demnach bleibt die Harmonie der Erkenntnisvermögen nicht nur hinter der Erkenntnis zurück – insofern sie nicht mit der Anwendung von Begriffen einhergeht –, sie geht zugleich über die Erkenntnis hinaus, weil sie die Zweckmäßigkeit der Natur für unser Erkenntnisvermögen zumindest in einzelnen Fällen zum Vorschein bringt.

6. Kant heute – Fragen und Perspektiven

In diesem letzten Kapitel soll ein Blick auf offene Fragen und aktuelle Debatten zu Kants Philosophie geworfen werden. In der Einleitung schlugen wir vor, dass die Einheit von Kants kritischem Projekt in einer Konzeption von Normativität besteht, die aus den Akten unseres oberen Erkenntnisvermögens entspringt. Damit geht es um eine Normativität, die auf der Gesetzgebung jeweils des Verstandes, der Urteilskraft und der Vernunft und ihren apriorischen Prinzipien beruht. Abschließend werden wir uns Diskussionen zuwenden, die diese Perspektive auf Kant in Frage stellen oder sie auf gegenwärtige Probleme anwenden.

Ist die Logik normativ?

Die erste Debatte, auf die hingewiesen werden soll, betrifft die Frage nach der Normativität der Logik. Die Diskussion kreist hier um die Natur der ‹allgemeinen reinen Logik› – die wir heute ‹formale› Logik nennen würden – und nicht um die ‹transzendentale Logik› der ersten *Kritik*, die im dritten Kapitel betrachtet wurde. Kant charakterisiert die allgemeine reine Logik als diejenige Wissenschaft, die «die schlechthin nothwendigen Regeln des Denkens, ohne welche gar kein Gebrauch des Verstandes stattfindet» (KrV A52/B76), enthält, und die «von allen empirischen Bedingungen, unter denen unser Verstand ausgeübt wird» (KrV A53/B77), abstrahiert. Während die allgemeine reine Logik «von allem Inhalt der Erkenntniß» (KrV A55/B79) abstrahiert, betrachtet die transzendentale Logik einen Inhalt, der in den Erkenntnissen a priori des Verstandes liegt und aus seiner Spontaneität entspringt (KrV A55 f./B80). Da die transzendentale Logik in vielerlei Hinsicht von der allgemeinen reinen Logik abhängig ist,[23] müsste unsere Auffassung von der letzteren Folgen für unser Verständnis der ersteren haben. Entsprechend würde die allgemeine reine Logik, wenn sie nicht normativ ist, einen Hinweis darauf liefern, dass die transzendentale Logik auch nicht normativ zu verstehen ist.

Eine nichtnormative Lesart der allgemeinen reinen Logik bei Kant wird von Clinton Tolley verteidigt. Tolley argumentiert, dass Regeln oder Prinzipien nach Kants Verständnis von Normativität nur als normativ bezeichnet werden können, wenn wir auch *gegen* sie handeln können. Allerdings haben wir gesehen, dass ohne die Regeln, die die allgemeine reine Logik identifiziert, «gar kein Gebrauch des Verstandes stattfindet» (KrV A52/B76). Das besagt, dass ein Gedanke, der logischen Regeln widerspricht, gar keinen Gedanken darstellt. Ausgehend von dieser Beobachtung unterscheidet Tolley zwischen konstitutiven und normativen Regeln. Dabei sind konstitutive Regeln solche, ohne die wir die Handlung nicht ausführen können, für die sie jeweils konstitutiv sind. Insofern die Regeln der Logik konstitutiv für das Denken sind, können sie nicht normativ sein (Tolley 2006). Man kann nun ein ähnliches Argument für die transzendentale Logik entwickeln. Weil die von der transzendentalen Logik identifizierten Regeln und Prinzipien – z. B. die Kategorien – laut Kant konstitutiv sind, kann man analog behaupten, dass sie nicht normativ sein können.

Es ist klar, dass Tolley Normativität bei Kant nach dem Muster des moralischen Sollens versteht. Wir hatten gesehen, dass dieses Sollen nicht ausschließt, dass wir dem moralischen Imperativ zuwiderhandeln können. In der Einleitung schlugen wir hingegen vor, dass es bei Kant auch einen anderen Sinn von Normativität gibt, der mit der apriorischen Gesetzgebung des oberen Erkenntnisvermögens verbunden ist. Tolleys strikte Entgegensetzung von konstitutiven und normativen Regeln lässt sich daher infrage stellen, indem deutlich gemacht wird, dass konstitutive Regeln auch normativ sein können. Huaping Lu-Adler argumentiert in diesem Sinne gegen Tolley, dass erstens aus der konstitutiven Rolle der Logik für das Denken nicht folgt, dass unlogisches Denken unmöglich ist (Lu-Adler 2017: 212), und zweitens zwischen imperativen und evaluativen Normen unterschieden werden sollte. Während man bei imperativen Normen der Auffassung sein kann, dass sie nicht konstitutiv sind, können evaluative Normen aber zugleich konstitutiv und normativ sein. Gerade weil logische Regeln konstitutiv für das Denken sind, können sie auch als evaluative Normen benutzt werden, mit denen sich bestimmen lässt, ob Gedanken formal korrekt sind (Lu-Adler 2017: 214). Tyke Nunez kritisiert dagegen Tolleys Entgegensetzung von konstitutiven und normativen Regeln, indem er zwischen logischen Fehlern und einem logisch fremden Denken (‹logically alien thought›) differenziert. Die Tatsache, dass ein logisch fremdes Denken nicht möglich ist – ein Denken, das anderen Regeln als den Regeln unseres Denkens folgt – hat nicht zur Folge, dass wir keine logischen Fehler machen können. Ein logisch fremdes Denken ist aber genau deshalb unmöglich, weil logische Regeln für das Denken konstitutiv sind. Logische Fehler begehen wir ständig – und dank der logischen Regeln können wir sie auch als solche erkennen (Nunez 2019).

Wie auch immer man zu dieser Debatte steht: Es dürfe klar geworden sein, dass zwischen verschiedenen Bedeutungen von Normativität unterschieden werden muss, wenn man dem Thema der Normativität eine zentrale Bedeutung für Kants kritisches Projekt zuschreibt. Deshalb erscheint es auch sinnvoll, zwischen einem weiten und einem engen Sinn von Normativität zu unterschieden.

Konzeptualismus oder Nonkonzeptualismus?

In der Einleitung hatten wir vorgeschlagen, die Normativität, aus der sich die Gesetzmäßigkeit der Natur ergibt, auf die apriorische Gesetzgebung des Verstandes zurückzuführen. Es gibt Erkenntnisansprüche hinsichtlich der Natur, die von Prinzipien und Kriterien gerechtfertigt werden, die mit der geistigen Tätigkeit unseres Verstandes einhergehen. Außerdem sahen wir im dritten Kapitel, dass unsere Erkenntnis von Gegenständen Kant zufolge eine Zusammenarbeit zwischen Anschauung und Begriff bzw. zwischen Sinnlichkeit und Verstand erfordert: «Gedanken ohne Inhalt sind leer, Anschauungen ohne Begriffe sind blind» (KrV A51/B75). Es ist aber nicht klar, ob dies bedeutet, dass wir keine Anschauungen ohne einen begrifflichen Beitrag haben können.

Kants Äußerungen zu dieser Frage sind nicht eindeutig. In den einleitenden Paragrafen vor der transzendentalen Deduktion der Kategorien erklärt er, dass es im Vergleich zum Beweis der objektiven Gültigkeit der Kategorien einfacher war, die objektive Gültigkeit der Vorstellungen von Raum und Zeit zu demonstrieren. Das ist der Fall, weil *alle* Anschauungen mit diesen Formen übereinstimmen müssen. Die Kategorien sind jedoch Bedingungen dafür, Gegenstände zu erkennen. Auf der einen Seite scheint es möglich, dass wir Gegenstände anschauen können – auch wenn wir sie damit nicht *als* Gegenstände erfassen –, ohne sie durch die Kategorien begrifflich zu bestimmen

(KrV A89/B121 f.). Auf der anderen Seite suggeriert Kant an einigen Stellen, dass seine Strategie in der transzendentalen Deduktion auf den Nachweis zielt, dass wir ohne den Beitrag der Kategorien gar keine Anschauung haben können, und die Kategorien deshalb objektiv gültig sind (KrV B161–163).

Aufgrund dieser beiden Auffassungen von der Geltungsreichweite der Kategorien lässt sich die Gesetzgebung des Verstandes und die mit ihr einhergehende Normativität auf zwei verschiedene Weisen verstehen. Nach der ersten Auffassung schließt die Gesetzgebung des Verstandes nicht aus, dass wir Anschauungen haben können, die von der Handlung des Verstandes nicht bestimmt sind – auch wenn sie, da sie meine Anschauungen sind, unter die Einheit der Apperzeption gebracht werden *können* und deshalb begrifflich *bestimmbar* sind. Nach der zweiten Auffassung ist es gar nicht möglich, nicht bereits begrifflich bestimmte Anschauungen zu haben. Diesen beiden Auffassungen entsprechen zwei Positionen in einer Debatte, die viel Aufmerksamkeit erhalten hat: der Debatte zwischen Konzeptualisten und Nonkonzeptualisten. Konzeptualisten behaupten, dass wir nur Anschauungen haben können, die von der Aktivität des Verstandes bestimmt sind; Nonkonzeptualisten argumentieren dagegen, dass es möglich ist, Anschauungen unabhängig von der Aktivität des Verstandes zu haben.

Eine Überlegung, die für eine konzeptualistische Lesart spricht, weist auf die Rolle der Anschauung für die Rechtfertigung unserer empirischen Überzeugungen: Einerseits sind Anschauungen für die Rechtfertigung dieser Überzeugungen wichtig. Andererseits lässt sich nicht verstehen, auf welche Weise Anschauungen Überzeugungen rechtfertigen können, wenn sie gar keine begriffliche Struktur haben (McDowell 2001). Diese konzeptualistische Lektüre wurde stark von Sellars' Kritik am ‹Mythos des Gegebenen› beeinflusst (Sellars 1956).

Außerdem kann ein konzeptualistischer Ansatz einfacher erklären, was die Aufgabe der sogenannten zweite Stufe (Henrich 1969) der Deduktion der Kategorien in der B-Auflage eigentlich ist (Gava 2023a: 138–141). Zwar räumen Konzeptualisten ein, dass die erste Stufe nur beweist, dass wir ohne die Kategorien das Mannigfaltige der Anschauung nicht in eine einheitliche Vorstellung vereinigen können. Das heißt aber noch nicht, dass wir Anschauungen ohne eine kategoriale Synthesis haben können. Vielen Konzeptualisten zufolge argumentiert aber die zweite Stufe der B-Deduktion dafür, dass eine kategoriale Synthesis notwendig ist, um den apriorischen Anschauungen von Raum und Zeit Einheit zu geben. Da aber alle Anschauungen mit den apriorischen Formen der Anschauung übereinstimmen müssen, bedeutet das, dass alle Anschauungen von den Kategorien indirekt bestimmt werden (Henrich 1969; Longuenesse 1998: Kap. 8).[24]

Diese Lektüre der zweiten Stufe der B-Deduktion hat aber unerwünschte Folgen für das Verständnis der Einheit von Raum und Zeit als Anschauungen (Gava 2023a: 138–141). Entsprechend beziehen sich Nonkonzeptualisten auf die Eigenschaften dieser Einheit, um ein Argument gegen den Konzeptualismus zu entwickeln. In den metaphysischen Erörterungen von Raum und Zeit diskutiert Kant diese Eigenschaften – wie z. B. die Tatsache, dass Raum und Zeit als Ganze vor ihren Teilen kommen (KrV B39, B47) –, um zu beweisen, dass unsere Vorstellungen von Raum und Zeit eine anschauliche Natur haben. Wenn die Einheit dieser Vorstellungen von einer Leistung des Verstandes abhängen würde, wäre es schwierig zu verstehen, wie Kants Argument in der transzendentalen Ästhetik funktioniert (McLear 2015; Onof/Schulting 2015).

Ein anderer Punkt, an den Nonkonzeptualisten anknüpfen können, ist Kants These, dass Tiere die Sinnlichkeit mit uns gemeinsam haben (Anth 7:196), während sie unseren Verstand, d. h. das obere Erkenntnisvermögen, nicht besitzen (Anth 7:127). Da Kant auch behauptet, dass Tiere über eine Art von Bewusstsein verfügen (Anth 7:127), sieht es danach aus, dass sie zu Anschauungen von Gegenständen ohne einen Beitrag des Verstandes fähig sind. Wenn es aber für Tiere möglich ist, Anschauungen ohne Begriffe zu haben, ist es schwierig zu verstehen, warum das für Menschen unmöglich sein soll (McLear 2011).

Die Debatte zwischen Konzeptualisten und Nonkonzeptualisten stellt die normative Lesart der Gesetzgebung des Verstandes nicht in Frage. Dennoch ist sie relevant für diese Lesart, weil sie zwei unterschiedliche Modelle dafür enthält, wo die Grenze der Gesetzgebung verläuft.

Das richtige Moralprinzip?

Wendet man sich Kants Moralphilosophie zu, so besteht eine bis heute andauernde Diskussion darüber, ob der kategorische Imperativ überhaupt ein fruchtbares Moralprinzip ist und worin er über andere Moralprinzipien hinausgeht. Ohne dieser Diskussion detailliert nachzugehen, sollen hier nur zwei Standardeinwände herausgegriffen werden. In populären Diskussionen wird oft in Zweifel gezogen, dass Kant über die goldene Regel (‹Was du nicht willst, dass man dir tu', das füg auch keinem andern zu›) hinauskommt. Auch wenn Kant gelegentlich einen Zusammenhang zwischen dem moralisch Gesollten und der Zustimmbarkeit herstellt, so gibt es dennoch einen entscheidenden Unterschied zwischen dem kategorischen Imperativ und der goldenen Regel. Anders als bei der letzteren geht es beim kategorischen Imperativ nicht darum, ob wir selbst als Handelnde, sondern ob andere von der Handlung Betroffene in die Handlungsweise einwilligen können (GMS 4:430 Fn.).

Anders gelagert ist der bereits früh gegen Kant erhobene und von Hegel erneuerte Einwand, dass der kategorische Inhalt als Moralprinzip aufgrund seines formalen Charakters leer ist. Im Hintergrund steht die Vorstellung, dass normative Urteile nur dann etwas Substantielles aussagen können, wenn sie sich auf die in einer Kultur vorfindlichen Wertüberzeugungen stützen und diese kritisch reflektieren. Tatsächlich wird damit jedoch nur der Anspruch abgewiesen, den sich Kant vorgesetzt hat: ein allgemeines Moralkriterium mit Anwendbarkeit auf beliebige Handlungssituationen ausfindig zu machen. In der Philosophie der Gegenwart knüpfen Theorien jedoch in diesem Punkt an Kant an und entdecken in der politischen Philosophie (Rawls 1975) oder in der Moralphilosophie (Scanlon 1998) entscheidende Legitimationskriterien in von Kant inspirierten Unparteilichkeitsüberlegungen.

Ist der kategorische Imperativ konstruiert?

Die Grundfrage der Metaethik besteht darin, ob sich die Standards moralischer Bewertung aus unseren subjektiven Einstellungen und Überzeugungen ergeben oder von unseren Einstellungen und Überzeugungen unabhängige objektive Tatsachen widerspiegeln. Kant scheint hier eine Mittelposition zu eröffnen, insofern er von einem objektiven Standard der moralischen Beurteilung ausgeht, diesen aber aus der menschlichen Vernunft herleitet (Rawls 1994, 133–158). Interpreten von Kants Moralphilosophie haben das mitunter so verstanden, dass sich Kant für einen moralischen Konstruktivismus ausspricht, nach dem das moralische Gesetz das Ergebnis einer durch unsere Vernunft erbrachten Konstruktionsleistung darstellt (O'Neill 1990). Auf dieser Linie kann man das, was Kant z. B. in der *Grundlegung* unternimmt, als eine vernünftige Überlegung verstehen, durch die das Moralprinzip entworfen wird. Dem steht jedoch entgegen, dass Kant sein Verfahren als eine Zurückverfolgung unserer moralischen Urteilspraxis und der Leistungen der Vernunft auf das Moralprinzip versteht.

Um den Konstruktivismus zu etablieren, kann man sich aber auch auf Kants Aussagen zur Autonomie des Willens berufen, nach denen sich die praktische Vernunft das Gesetz selbst gibt. Geht man jedoch davon aus, dass die Selbstgesetzgebung nicht nur die Verbindlichkeit, sondern insbesondere die Wahl des Moralgesetzes betrifft, so erscheint das moralische Gesetz als optional und verliert seinen notwendigen Charakter (Ameriks 2003, Kap. 11). Ähnlich kritisch sollte man den Versuch betrachten, die Gültigkeit des kategorischen Imperativs daraus abzuleiten, dass er eine Lösung für Probleme der sozialen Koordination liefert (O'Neill 2015, Westphal 2016). Es erscheint zutiefst zweifelhaft, dass es außer dem kategorischen Imperativ keine andere Weise zur Überwindung von Kooperationsproblemen geben soll und der kategorische Imperativ genau deshalb gültig sein soll, weil er sich als Methode zur Auflösung von Kooperationsproblemen konstruieren lässt.

Zwar lässt sich die Anwendung des kategorischen Imperativs als ein Konstruktionsverfahren verstehen, aus dem einzelne Handlungspflichten gewonnen werden. Daraus folgt jedoch nicht, dass der kategorische Imperativ selbst konstruiert ist. Ausgehend davon, dass Kant die praktische Vernunft in einen engen Zusammenhang mit dem Moralgesetz bringt, eröffnen sich verschiedene Interpretationsalternativen: So kann man der Meinung sein, dass der kategorische Imperativ zwar nicht aus der Aktivität der Vernunft hervorgeht, aber eine konstitutive Bedingung für ihren Gebrauch darstellt (Reaths 1984, Pollok 2017). Analog zur Ausübung des Verstandes anhand der Kategorien und der Ausübung der Urteilskraft anhand des Prinzips der Zweckmäßigkeit ist das Moralgesetz unter dieser Voraussetzung einerseits gleichursprünglich mit der praktischen Vernunft und gibt ihr andererseits die Orientierung vor. Allerdings scheint sich der kategorische Imperativ nicht als eine evaluative Norm zu eignen, anhand deren der Gebrauch der praktischen Vernunft bewertet werden kann. Der kategorische Imperativ lässt sich nur befolgen oder nicht befolgen – befolgen wir ihn aber nicht, so üben wir dennoch unsere praktische Vernunft aus. Dies scheint dafür zu sprechen, dass das moralische Gesetz der praktischen Vernunft vorausgeht und die praktische Vernunft darauf ausgerichtet ist, dieses zu erfassen. Wenn das der Fall ist, so kommt darin eine Besonderheit der Gesetzgebung der praktischen Vernunft zum Ausdruck, die sie von den Gesetzgebungen der anderen Vermögen unterscheidet.

Kant – ein Rassist?

Insbesondere ausgehend von den Arbeiten von Charles Mills (Mills 2005) wird aktuell debattiert, ob und – wenn ja – in welchem Umfang Kant rassistische Überzeugungen zugesprochen werden müssen. Dabei kommt Mills zu folgendem Befund: Einerseits behauptet Kant, dass es menschliche Rassen gibt – dafür argumentiert er in: *Von den verschiedenen Racen der Menschen* (1775), *Bestimmung des Begriffs einer Menschenrace* (1785), *Über den Gebrauch teleologischer Prinzipien in der Philosophie* (1788) –, andererseits geht er von einer Rassenhierarchie aus, mit der die einzelnen Rassen nach dem Grad der Ausbildung ihrer Vernunft bewertet werden. Eine Kurzfassung seiner Rassenhierarchie lässt sich der aus seinen Handschriften zusammengestellten und noch von Kant autorisierten *Physischen Geographie* von 1802 entnehmen: «Die Menschheit ist in ihrer größten Vollkommenheit in der Race der Weißen. Die gelben Indianer haben schon ein geringeres Talent. Die Neger sind weit tiefer, und am tiefsten steht ein Theil der amerikanischen Völkerschaften» (Physische Geographie, 9:316). Dabei scheint Kant davon auszugehen, dass mindestens die indigenen Völker Amerikas aufgrund ihrer seiner Meinung nach unterentwickelten Talente als Leibeigene gehalten werden dürfen. So hält er in Notaten zu seinen Anthropologie-Vorlesungen fest: «Amerikaner und Neger können sich nicht selbst regiren. Dienen also nur zu Sclaven» (Collegentwürfe über Anthropologie 15:878). Überraschenderweise besteht nach der These von Mills keine Spannung zu Kants moralischem Universalismus, da er schwarze Menschen und amerikanische Ureinwohner zwar als Menschen, aber nicht als moralische Personen betrachtet. Letztlich, so behauptet Mills, begrenzt Kant den Kreis der moralischen Personen nur auf Weiße (auch Mills 2017, 8).

Die Frage, ob sich Kants moralischer Universalismus lediglich auf Weiße bezieht und Nicht-Weiße ausschließt, wird gegenwärtig kontrovers diskutiert (Lu-Adler 2023, 33–75). Klarstellen muss man jedoch, dass keine notwendige Verbindung zwischen Kants Annahme menschlicher Rassen und seiner Rassenhierarchie besteht. Die Ansicht, dass es menschliche Rassen gibt, erweist sich als eine – im Nachhinein als falsch erwiesene – empirische Hypothese, mit der die Vererbung bestimmter äußerer Merkmale erklart werden soll. Daneben scheinen die rassenhierarchischen Aussagen vor allem einen Kulturchauvinismus zum Ausdruck zu bringen, nach dem die Kulturleistungen der Weißen höher stehen als die der Nicht-Weißen.[25]

Es gibt jedoch auch Auffassungen bei Kant, die einem rassistischen Denken klar entgegengestellt sind (nach Kleingeld 2007 liegt dies an einem Meinungswandel bei Kant). Zum einen gehört dazu das Verbot der Kolonisierung anderer Völker, das

Kant u. a. wie folgt zum Ausdruck bringt: «Ein Staat ist nämlich nicht (wie etwa der Boden, auf dem er seinen Sitz hat) eine Habe (*patrimonium*). Er ist eine Gesellschaft von Menschen, über die Niemand anders, als er selbst zu gebieten und zu disponiren hat. Ihn aber, der selbst als Stamm seine eigene Wurzel hatte, als Pfropfreis einem andern Staate einzuverleiben, heißt seine Existenz als einer moralischen Person aufheben und aus der letzteren eine Sache machen und widerspricht also der Idee des ursprünglichen Vertrags, ohne die sich kein Recht über ein Volk denken läßt» (Frieden 8:344). Damit verbunden ist das von Kant begründete Weltbürgerrecht, nach dem Menschen unabhängig von ihrer Rolle als Staatsbürger «als Bürger eines allgemeinen Menschenstaats anzusehen sind» (Frieden 8:349 Fn.; Kleingeld 2011, Kap. 3). Dieses enthält «das Recht eines Fremdlings, seiner Ankunft auf dem Boden eines andern wegen von diesem nicht feindselig behandelt zu werden» (Frieden 8:358) das Kant auch als Recht auf Hospitalität bezeichnet. Dabei denkt er nicht nur an ein «*Besuchsrecht*» (Frieden 8:358) auf fremdem Territorium, er formuliert auch einen Anspruch auf Asyl: Ihm zufolge darf ein Fremder nicht abgewiesen werden, wenn dies nicht «ohne seinen Untergang geschehen kann» (Frieden 8:358; Reinhardt 2019).

Im Ergebnis ergibt sich eine komplexe Gemengelage: Zwar lassen sich eindeutig rassistische Aussagen bei Kant auffinden; es ist aber nicht klar, in welcher Verbindung sie zum Kern seines philosophischen Denkens stehen. Wie tief oder weniger tief der Rassismus in Kants Denken verwurzelt sein mag – es bleibt dennoch deutlich, dass uns Kant auch wichtige Mittel an die Hand gibt, Rassismus zu kritisieren und zu überwinden. Außerdem können wir auch Kants eigene Methode auf seine Urteile z. B. über Angehörige fremder Kulturen anwenden und sie daraufhin kritisch befragen, ob sie den aus der Gesetzgebung der Vermögen hergeleiteten normativen Prinzipien entsprechen.

Literatur und Siglen

Werke Kants werden in der Regel nach der Akademie-Ausgabe (AA) zitiert, die von der Preussischen Akademie der Wissenschaften begründet und heute von der Berlin-Brandenburgischen Akademie der Wissenschaften weitergeführt wird. Eine Ausnahme bildet die *Kritik der reinen Vernunft*, die nach der A- und B-Auflage zitiert wird.

Siglen der zitierten Werke Kants

Anth = *Anthropologie in pragmatischer Hinsicht* (AA 7).
Collegentwürfe über Anthropologie = *Entwürfe zu dem Colleg über Anthropologie aus den 70er und 80er Jahren* (AA 15).
EE = *Erste Einleitung in die Kritik der Urteilskraft* (AA 20).
Fakultäten = *Der Streit der Facultäten* (AA 7).
Frieden = *Zum ewigen Frieden* (AA 8).
GMS = *Grundlegung zur Metaphysik der Sitten* (AA 4).
KpV = *Kritik der praktischen Vernunft* (AA 5).
KrV = *Kritik der reinen Vernunft* (AA 3/4).
KU = *Kritik der Urteilskraft* (AA 5).
Log = *Logik* (AA 9).
Prol = *Prolegomena zu einer jeden künftigen Metaphysik, die als Wissenschaft wird auftreten können* (AA 4).
RGV = *Die Religion innerhalb der Grenzen der bloßen Vernunft* (AA 6).
V-Mo/Kaehler = *Vorlesung zur Moralphilosophie*, hg. v. Werner Stark, De Gruyter, Berlin 2004.
Briefe = *Briefwechsel* (AA 10–13).

Weitere zitierte Literatur

Lucy Allais: *Manifest Reality*, Oxford University Press, Oxford 2015.
Henry E. Allison: *Kant's Theory of Freedom*, Cambridge University Press, Cambridge 1990.
Henry E. Allison: *Kant's Transcendental Idealism. Revised and Enlarged Edition*, Yale University Press, New Haven 2004.
Henry E. Allison: *Kant's Theory of Taste. A Reading of the Critique of Aesthetic Judgment*, Cambridge University Press, Cambridge 2001.
Karl Ameriks: *Interpreting Kant's Critiques*, Oxford University Press, Oxford 2003.

Emil Arnoldt: *Kants Jugend und die ersten fünf Jahre seiner Privatdozentur im Umriss dargestellt*, in: *Gesammelte Schriften*, Bd. III, Bruno Cassirer, Berlin 1908, 103–210.

Lewis W. Beck: *Kants «Kritik der praktischen Vernunft». Ein Kommentar*, Fink, München 1974.

Robert Brandom: *Wiedererinnerter Idealismus*, Suhrkamp, Berlin 2015.

Andrew Chignell: *Belief in Kant*, in: *Philosophical Review* 116 (3), 2007, 323–360.

Bernd Dörflinger: *Kants Ethikotheologie und die Pflicht zur Beförderung des höchsten Guts*, in: Klaus Viertbauer/Stefan Lang (Hg.), *Gott nach Kant?*, Meiner, Hamburg 2022, 98–124.

Alfredo Ferrarin: *The Powers of Pure Reason. Kant and the Idea of Cosmic Philosophy*, University of Chicago Press, Chicago 2015.

Eckart Förster: *Die 25 Jahre der Philosophie. Eine systematische Rekonstruktion*, Klostermann, Frankfurt a. M. 2018.

Gabriele Gava: *Kant's Critique of Pure Reason and the Method of Metaphysics*, Cambridge University Press, Cambridge 2023 a.

Gabriele Gava: *Kant on Conviction and Persuasion*, in: Luigi Filieri/Sofie Møller (Hg.): *Kant on Freedom and Human Nature*, Routledge, New York 2023 b, 135–150.

Hannah Ginsborg: *The Normativity of Nature*, Oxford University Press, Oxford 2015.

Michelle Grier: *Kant's Doctrine of Transcendental Illusion*, Cambridge University Press, Cambridge 2001.

Felix Gross: *Immanuel Kant. Sein Leben in Darstellungen von Zeitgenossen*, Wissenschaftliche Buchgesellschaft, Darmstadt 1993.

Paul Guyer: *Kant and the Claims of Knowledge*, Cambridge University Press, Cambridge 1987.

Paul Guyer: *Kant and the Claims of Taste (1979). Second Edition*, Cambridge University Press, Cambridge 1997.

Paul Guyer: *The Harmony of the Faculties Revisited*, in: *Values of Beauty. Historical Essays in Aesthetics*, Cambridge University Press, Cambridge 2005, 77–109.

Heinrich Heine: *Zur Geschichte der Religion und Philosophie in Deutschland*, in: *Sämtliche Schriften*, Bd. 3, Hanser, München 1971, 505–641.

Dieter Henrich: *The Proof-Structure of Kant's Transcendental Deduction*, in: *Review of Metaphysics* 22 (4), 1969, 640–659.

Dieter Henrich: *Kant's Explanation of Aesthetic Judgment*, in: *Aesthetic Judgment and the Moral Image of the World*, Stanford University Press, Stanford 1992, 29–56.

Barbara Herman: *On the Value of Acting from the Motive of Duty*, in: *The Practice of Moral Judgment*, Harvard University Press, Cambridge, Mass. 1993, 1–22.

Immanuel Kant: *Träume eines Geistersehers, erläutert durch Träume der*

Metaphysik, hg. v. Lothar Kreimendahl/Michael Oberhausen, Meiner, Hamburg 2022.

Thomas Khurana/Christoph Menke (Hg.): *Paradoxien der Autonomie*, August, Berlin 2011.

Pauline Kleingeld: *Kant's Second Thoughts on Race*, in: *Philosophical Quarterly* 57 (229) 2007, 573–592.

Pauline Kleingeld: *Kant and Cosmopolitanism. The Philosophical Ideal of World Citizenship*, Cambridge University Press, Cambridge 2011.

Pauline Kleingeld: *Moral Autonomy as Political Analogy. Self-Legislation in Kant's Groundwork and the Feyerabend Lectures on Natural Law (1784)*, in: Stefano Bacin/Oliver Sensen (Hg.), *The Emergence of Autonomy in Kant's Moral Philosophy*, Cambridge University Press, Cambridge 2019, 158–175.

Christine M. Korsgaard: *Creating the Kingdom of Ends*, Cambridge University Press, Cambridge 1996a.

Christine M. Korsgaard: *Sources of Normativity*, Cambridge University Press, Cambridge 1996b.

Manfred Kühn: *Kant. Eine Biographie*, C.H.Beck, München 2003.

Béatrice Longuenesse: *Kant and the Capacity to Judge*, Princeton University Press, Princeton, 1998.

Huaping Lu-Adler: *Kant and the Normativity of Logic*, in: *European Journal of Philosophy*, 25 (2), 207–230, 2017.

Huaping Lu-Adler: *Kant, Race, and Racism. Views from Somewhere*, Oxford University Press, Oxford 2023.

Bernd Ludwig: *Aufklärung über die Sittlichkeit. Zu Kants Grundlegung einer Metaphysik der Sitten*, Klostermann, Frankfurt a. M. 2020.

Collin McLear: *Kant on Animal Consciousness*, in: *Philosophers' Imprint* 11 (15), 2011, 1-16.

Colin McLear: *Two Kinds of Unity in the Critique of Pure Reason*, in: *Journal of the History of Philosophy* 53 (1), 2015, 79–110.

Charles W. Mills: *Kant's Untermenschen*, in: Andrew Valls (Hg.), *Race and Racism in Modern Philosophy*, Cornell University Press, Ithaca, N. Y. 2005, 169–93.

Charles W. Mills: *Black Radical Kantianism*, in: *Res Philosophica* 95 (1), 2017, 1–33.

John McDowell: *Geist und Welt*, Suhrkamp, Frankfurt a. M. 2001.

Kate A. Moran: *Kant's Ethics*, Cambridge University Press, Cambridge 2022.

David Nirenberg: *Anti-Judaismus. Eine andere Geschichte des westlichen Denkens*, C.H.Beck, München 2017.

Tyke Nunez: *Logical Mistakes, Logical Aliens, and the Laws of Kant's Pure General Logic*, in: *Mind*, 128 (512), 2019, 1149–1180.

Onora O'Neill: *Constructions of Reason. Explorations of Kant's Practical Philosophy*, Cambridge University Press, Cambridge 1990.

Onora O'Neill: *Constructing Authorities. Reason, Politics and Interpretation in Kant's Philosophy*, Cambridge University Press, Cambridge, 2015.

Christian Onof/Dennis Schulting: *Space as Form of Intuition and as Formal Intuition. On the Note to B160 in Kant's Critique of Pure Reason*, in: *The Philosophical Review* 124 (1), 2015, 1–25.

Lawrence Pasternack: *Kant on Opinion: Assent, Hypothesis, and the Norms of General Applied Logic*, in: *Kant-Studien*, 105 (1), 2014.

Konstantin Pollok: *Kant's Theory of Normativity*, Cambridge University Press, Cambridge 2017.

Gerald Prauss: *Kant und das Problem der Dinge an Sich*, Bouvier, Bonn 1974.

John Rawls: *Eine Theorie der Gerechtigkeit*, Suhrkamp, Frankfurt a.M. 1975.

John Rawls: *Kantischer Konstruktivismus in der Moralphilostheorie*, in: *Die Idee des politischen Liberalismus. Aufsätze 1978–1989*, Suhrkamp, Frankfurt a.M. 1994, 80–158.

Andrews Reath: *Legislating the Moral Law*, in: *Noûs* 28 (4), 1994, 435–464.

Karoline Reinhardt: *Migration und Weltbürgerrecht. Zur Aktualität der politischen Philosophie Kants*, Karl Alber, Freiburg 2019.

Thomas M. Scanlon: *What We Owe to Each Other*, Harvard University Press, Cambridge, Mass. 1998.

Friedrich Schiller: *Xenien von Schiller und Goethe*, in: *Sämtliche* Werke, Bd. 1, Hanser, München 1959, 394–433.

Dieter Schönecker: *Die ‹Art von Zirkel› im dritten Abschnitt von Kants Grundlegung*, in: *Allgemeine Zeitschrift für Philosophie*, 22 (2), 1997, 189–202.

Wilfried Sellars: *Empiricism and the Philosophy of Mind*, in: *Minnesota Studies in the Philosophy of Science* 1, 1956, 253–329.

Oliver Sensen: *Kant on Human Dignity*, De Gruyter, Berlin 2011.

Nicholas F. Stang: *Kant on Complete Determination and Infinite Judgement*, in: *British Journal for the History of Philosophy* 20 (6), 2012, 1117–1139.

Bettina Stangneth: «Kants schädliche Schriften». Eine Einleitung, in: Immanuel Kant: *Die Religion innerhalb der Grenzen der bloßen Vernunft*. Hg. v. Bettina Stangneth, Meiner, Hamburg 2003, IX–LXXV.

Peter F. Strawson: *Die Grenzen des Sinns. Ein Kommentar zu Kants Kritik der reinen Vernunft*, Hain, Königstein i.T. 1981.

Clinton Tolley: *Kant on the Nature of Logical Laws*, in: *Philosophical Topics* 34 (1–2), 2006, 371–407.

Clinton Tolley: *The Generality of Kant's Transcendental Logic*, in: *Journal of the History of Philosophy* 50 (3), 2012, 417–447.

Helga Varden: *Sex, Love, and Gender. A Kantian Theory*, Oxford University Press, Oxford 2020.

Achim Vesper: *Durch Schönheit zur Freiheit? Schillers Auseinandersetzung mit Kant*, in: Gideon Stiening (Hg.), Friedrich Schiller: *Über die Ästhetische Erziehung des Menschen in einer Reihe von Briefen*, De Gruyter, Berlin 2019. 33–48.

Achim Vesper: *Kant über die Stufen des Bösen*, in: Sebastian Abel/Dieter Hüning (Hg.): *Religion, Moral und Kirchenglaube. Beiträge zu Kants «Religion innerhalb der Grenzen der bloßen Vernunft» (1793)*, De Gruyter, Berlin 2023, 67–84.

Eric Watkins: *The Antinomy of Practical Reason. Reason, the Unconditioned and the Highest Good*, in: Andrews Reath/Jens Timmermann (Hg.): *Kant's Critique of Practical Reason. A Critical Guide*, Cambridge University Press, Cambridge 2010, 145–167.

Kenneth R. Westphal: *How Hume and Kant Reconstruct Natural Law. Justifying Strict Objectivity without Debating Moral Realism*, Oxford University Press, Oxford 2016.

Marcus Willaschek: *Kant on the Sources of Metaphysics. The Dialectic of Pure Reason*, Cambridge University Press, Cambridge 2018.

Marcus Willaschek: *The Structure of Normative Space. Kant's System of Rational Principles*, in: Camilla Serck-Hanssen/Beatrix Himmelmann (Hg.): *The Court of Reason. Proceedings of the 13th International Kant Congress*, De Gruyter, Berlin 2021, 245–266.

Michael Wolff: *Die Vollständigkeit der kantischen Urteilstafel*, Klostermann, Frankfurt a. M. 1995.

Allen W. Wood: *Kantian Ethics*, Cambridge University Press, Cambridge 2008.

Anmerkungen

1 Eine aktuelle Interpretation Kants, die den Begriff der Normativität in den Mittelpunkt stellt, ist die von Pollok 2017, für den die von den Kritiken aufgedeckte Normativität auf Kants Theorie des Urteils zurückgeht (der Idee nach ähnlich Brandom 2015, Teil 1). Ginsborg 2015 ist dagegen der Ansicht, dass die dritte *Kritik* eine Art von Normativität aufdecken soll, die einer Bedingung für unsere Erkenntnisurteile im Allgemeinen entspricht. Willaschek 2021 weist schließlich daraufhin, dass sich eine Normativität bei Kant aus dem System der Prinzipien der Vernunft ergibt.

2 Gemeint sind die Lebensbeschreibungen von Ludwig Ernst Borowski, Reinhold Bernhard Jachmann und Ehregott Andreas Christoph Wasianski. Diese sind versammelt in: Gross (Hg.) 1993.

3 Inzwischen liegt eine Online-Edition vor, die auch den eigenwilligen Charakter des Text-Konvoluts anschaulich werden lässt (http://telota.bbaw.de/kant_op/index.html).

4 Nach einem klassischen Einwand gegen Kants Argument in der transzendentalen Ästhetik (die sogenannte Trendelenburg'sche Lücke, da der Einwand auf Friedrich Adolf Trendelenburg zurückgeht) ist das Argument für den Beweis unzureichend, dass Dinge an sich nicht in Raum und Zeit sind. Denn es könnte sein, dass Raum und Zeit sowohl Formen a priori der Anschauung als auch Eigenschaften von Dinge an sich sind.

5 Die Bedeutung von Kants Lehre vom transzendentalen Idealismus ist in der Literatur umstritten. Phänomenalistische Interpretationen behaupten, dass Erscheinungen nur Vorstellungen sind (Strawson 1981; Guyer 1987). Antiphänomenalistische Lesarten behaupten, dass Erscheinungen Gegenstände sind, die aus unserer menschlichen Perspektive erkannt werden (Prauss 1974; Allison 2004).

6 Kant behauptet, dass seine Tafel der Kategorien vollständig ist. Es ist aber nicht klar, dass diese Behauptung gerechtfertigt ist. Einen Versuch, die Behauptung zu verteidigen, findet man bei M. Wolff (1995).

7 Sogenannte konzeptualistische Lesarten der *Kritik der reinen Vernunft* behaupten, dass eine Synthesis des Verstandes für jegliche Einheit der Vorstellungen erforderlich ist, inklusive alle Formen der Einheit der Anschauung (z. B. Henrich 1969). Dagegen argumentieren Nonkonzeptualisten, dass Anschauung eine besondere Art von Einheit haben kann, die unabhängig vom Beitrag des Verstandes ist (McLear 2015; Allais 2015).

8 Stang argumentiert, dass Erscheinungen nicht durchgängig bestimmt

sind (Stang 2012). Willaschek vertritt den Standpunkt, dass die Behauptung, Erscheinungen seien durchgängig bestimmt, «regulativ» zu verstehen sei (Willaschek 2018: 222).

9 Man könnte natürlich das Argument der rationalen Theologie so widerlegen, dass man die Annahme nicht akzeptiert, dass das ‹All der Realität› in einem einzelnen existierenden Gegenstand begründet sein muss.

10 Den Terminus ‹Metaphysik der Sitten› verwendet Kant hier synonym mit dem Begriff der reinen Moralphilosophie. 1797 legt Kant unter dem Titel *Metaphysik der Sitten* jedoch ein Buch vor, das im ersten Teil, der *Tugendlehre*, einen konkreten Pflichtenkatalog enthält, der aus der Anwendung des kategorischen Imperativs auf anthropologische Grundgegebenheiten gewonnen wird.

11 Im Distichon *Gewissensskrupel* tadelt Schiller die Vorstellung, dass jemand nicht als tugendhaft betrachtet werden kann, der einem Notleidenden aus Freundschaft hilft: «Gerne dien ich den Freunden, doch tu ich es leider mit Neigung, / Und so wurmt es mir oft, daß ich nicht tugendhaft bin.» (Schiller 1959, 299) Damit wird die Auffassung kritisiert, dass eine der Pflicht entsprechende Handlung ihren moralischen Wert verliert, wenn sie aus Neigung ausgeführt wird. Schillers vielzitierte Äußerung gehört zu einer kleinen öffentlichen Kontroverse zwischen Schiller und Kant, in der Schiller am Ende der Position Kants zustimmt und das Handeln aus Pflicht als ausschlaggebend für den moralischen Wert betrachtet (Vesper 2019).

12 Dieser Meinung widerspricht jedoch Wood 2005, 224–242. Ihm zufolge können unsere Handlungen auch dann moralischen Wert besitzen, wenn wir nicht aus Pflicht, sondern aus Neigung handeln. In der Religionsschrift macht Kant jedoch noch einmal klar, dass wir einen erheblichen moralischen Fehler begehen, wenn wir nur pflichtgemäß, aber nicht aus Pflicht handeln (Vesper 2023).

13 Diesen Zusammenhang bezeichnet Allison als ‹incorporation thesis› (Allison 1990; u.a. 39f.). Ihr zufolge werden Menschen nicht blind durch Triebfedern, sondern erst durch die Aufnahme von Triebfedern in ihre Maximen zu Handlungen geleitet (RGV 6:23 f.).

14 Aufgelistet werden in der Regel die Gesetzesformel, die Naturgesetz-Formel, die Menschheitsformel, die Reich-der-Zwecke-Formel und die Autonomie-Formel. Mit Ausnahme der Naturgesetz-Formel, die eine Spezifizierung der Gesetzesformel darstellt, werden alle diese Formeln im Folgenden besprochen.

15 Diese Interpretation wird in Korsgaard 1996a entwickelt und ist auch mit dem Hauptargument in Korsgaard 1996b verbunden.

16 Diese These bezeichnet Allison mit einem prominenten Schlagwort als ‹reciprocity thesis› (Allison 1990, 201–213). Allison lehnt sich daran an, dass Kant Freiheit und moralisches Gesetz als «Wechselbegriffe» (GMS 4:450) bezeichnet.

17 Dass der von Kant beanstandete Fehler in einem Schluss aus einer ungerechtfertigten Prämisse besteht, macht Schönecker deutlich (zuerst in Schönecker 1997).

18 Kant diskutiert den Begriff des höchsten Gutes auch im Kanon der ersten *Kritik*. Dort wird das höchste Gut nicht als Gegenstand der Pflicht, sondern der Hoffnung aufgefasst (KrV A805–809/B833–837).

19 So gehen nicht alle Interpreten davon aus, dass das Postulat Gottes ein unverzichtbares Erfordernis unseres Strebens nach dem höchsten Gut bildet (u. a. Dörflinger 2022).

20 Kants Analyse der verschiedenen Formen des Fürwahrhaltens im Kanon wurde in den letzten 20 Jahren stark diskutiert (Chignell 2007; Pasternack 2014; Gava 2023 b).

21 Man kann sich jedoch fragen, ob das in einer Spannung zu Kants Behauptung steht, dass wir nur durch eigene Erfahrung in ästhetischen Urteilen gerechtfertigt sind (u. a. KU 5:215 f.). Wenn ein jeder nur durch eigene Erfahrung in seinem ästhetischen Urteil gerechtfertigt ist, wie lässt sich dann von der Allgemeinheit des ästhetischen Urteils ausgehen?

22 Die Deutung, nach der das Geschmacksurteil aus zwei Urteilsakten besteht, geht auf Guyer 1997 zurück. Laut Guyer folgt auf den lustverursachenden Akt der ästhetischen Beurteilung das Geschmacksurteil, mit dem eine vorhandene Lust anhand des Kriteriums der Interesselosigkeit auf eine Quelle in der ästhetischen Beurteilung zurückgeführt wird. Auch wenn diese Theorie Kritik erfahren hat (u. a. in Allison 2001), kommt ihr große Plausibilität zu.

23 Das Verhältnis zwischen der allgemeinen reinen Logik und der transzendentalen Logik wird stark debattiert. Tolley (2012) sieht einen engen Zusammenhang zwischen ihnen, da sie beide für ihn zur allgemeinen Logik gehören. Zuvor war es üblich, die transzendentale Logik als eine ‹besondere› Logik zu betrachten (vgl. Wolff 1995, 204 und 210). Es steht aber außer Zweifel, dass die Untersuchungen der transzendentalen Logik von der allgemeinen reinen Logik abhängen.

24 Im Zusammenhang damit ist Kants Unterscheidung von ‹Formen der Anschauung› und ‹formalen Anschauungen› wichtig (KrV B160 Anm.). Der Interpretation dieser Unterscheidung wurden viele Studien gewidmet; für einen neuen detaillierten Vorschlag siehe Onof/Schulting 2015.

25 Es muss erwähnt werden, dass auch Kants Aussagen über Frauen und Juden Anlass zu kontroversen Diskussionen bieten (vgl. Varden 2020, Kap. 2; Nirenberg 2017, Kap. 12).